Ouvrez un gîte rural !

Éditions d'Organisation
Groupe Eyrolles
61, bd Saint-Germain
75240 Paris cedex 05

www.editions-organisation.com
www.editions-eyrolles.com

Éditions APCE
14, rue Delambre
75682 Paris cedex 14

www.apce.com

ISBN : 978-2-7081-3621-2

Agence Pour la Création d'Entreprises

Ouvrez un gîte rural !

Réalisé par les experts de l'APCE

Troisième édition

Troisième tirage 2008

EYROLLES
Éditions d'Organisation

EDITIONS
APCE

CHEZ LE MÊME ÉDITEUR
DANS LA MÊME COLLECTION

- Créez votre Net-entreprise !
- Devenez artisan du bâtiment !
- Devenez consultant !
- Financer votre création d'entreprise
- La micro-entreprise de A à Z
- Ouvrez un magasin !
- Ouvrez un restaurant !
- Quel statut pour mon entreprise ?
- Réaliser votre étude de marché
- Vendez sur les marchés !

Sommaire

VOUS SOUHAITEZ ouvrir un gîte rural ou des chambres d'hôtes. Vous êtes attirés par la campagne, cette activité semble adaptée à votre projet de vie, ou vous êtes agriculteur et voulez avoir un revenu supplémentaire.

Cet ouvrage vous permettra de donner vie à votre projet, et d'en travailler toutes les étapes. Car un projet rassemble plusieurs pièces d'un puzzle.

La première pièce de ce puzzle, autour de laquelle toutes les autres s'imbriquent, c'est l'homme ou la femme que vous êtes, dont le parcours, l'expérience, les rencontres, l'ont conduit vers cette aventure.

La deuxième pièce, c'est la connaissance d'un métier, le tourisme vert, de ses évolutions passées et à venir.

Assembler la troisième pièce, c'est maîtriser un environnement. Car le service que vous allez vendre s'adresse à une clientèle bien déterminée, en un lieu que vous avez choisi.

Votre projet commencera a réellement prendre forme avec la quatrième pièce, lorsque vous aurez trouvé et aménagé le petit coin de paradis dans lequel vous exercerez votre nouveau métier.

Mais vous savez que pour bénéficier de financement, vous devez rédiger un dossier bien argumenté, comprenant, entre autres, un plan de financement et un compte de résultat prévisionnel sur trois ans : c'est la cinquième pièce du puzzle.

Et vous n'oubliez pas, bien entendu, les aspects administratifs de la création d'entreprise, comme la forme juridique et toutes les démarches allant du contrat d'assurance à la déclaration d'ouverture de votre hébergement touristique à la mairie. Voici pour les sixième et septième pièces du puzzle.

Reste enfin, avec la huitième pièce, l'aptitude à se renouveler. Les jours, les mois et les années qui suivront cette ouverture vous contraindront à vous remettre en question, car rien n'est jamais acquis.

La dernière pièce du puzzle vous fournira ouvrages et adresses pour être toujours plus informé.

Tout au long de ces pages, une petite plume vous soumettra certaines questions indispensables à approfondir. Les réponses composeront le dossier qui vous permettra d'obtenir des financements.

En plus de toutes les notions essentielles à connaître pour réaliser et mener à bien un tel projet, nous avons parsemé cet ouvrage d'anecdotes, de conseils et d'astuces qui vous permettront d'appréhender cette aventure de manière moins théorique.

À la fin de chaque chapitre, des personnes, dont les expériences sont très différentes les unes des autres, nous confient leurs parcours. Certains ont ouvert un gîte rural, d'autres, des chambres d'hôtes, les uns proposent des activités sportives et artisanales, les autres organisent des séminaires et des stages. Ils se sont installés dans différentes régions, et s'adressent à des cibles diverses…

Ces témoignages apporteront encore plus de réalité à votre projet : vous identifierez, avec plus de lucidité, vos handicaps et vos atouts.

L'essentiel est que vous sortiez gagnant de ce parcours semé d'embûches, pour goûter aux joies de l'accueil, et jouir de la beauté du patrimoine.

Nous remercions Arlette et Jacques Elzière (*Art'Monie*), Madame Fagoaga *(Olhabidéa)*, Véronique et Philippe Savouré *(La Métairie)*, Catherine et Gérard Brision *(Le domaine du Houvre)*, Nicole et Jean-Claude Morin *(La Fontinelle)*, Jean-Pierre Durand *(Les Chalets de Margeride)*, Annick Cristin *(Le Mas Saint Avit)*, la famille Delesalle *(La ferme Halluin)* de nous avoir confié leur aventure dans le monde du tourisme vert, ainsi que Stéphane Vigneron et Romain Lancelle d'être allés à leur rencontre pour nous raconter leurs parcours.

Êtes-vous **prêt** *à* entreprendre ? 1

OUVRIR UN GÎTE RURAL ou une chambre d'hôtes est sans doute un rêve, mais est-il réaliste ? À l'inverse, ce projet est peut-être une solution de remplacement à une situation qui vous déplaît ?

Créer une entreprise doit être un juste compromis entre le réalisable et le désirable, et se lancer dans le tourisme vert est une création d'entreprise à part entière qui peut apporter beaucoup de désillusions.

Pourquoi réellement souhaitez-vous vous lancer dans cette aventure ? Quelle est votre situation familiale, professionnelle ? Ces questions et bien d'autres demandent des réponses objectives.

Se poser les bonnes questions

Entreprendre demande de comprendre les raisons profondes qui motivent votre choix. Certaines motivations peuvent être un moteur dans votre projet, tandis que d'autres peuvent être un frein, et cela dépend de chaque personnalité.

> *« Souvent, ça commence comme un fantasme de citadin. Une autre vie, où les enfants n'auraient plus d'asthme, les parents plus de patron, où ils n'entendraient parler des embouteillages qu'à la radio. »*
>
> *Source :* Libération, *« Les désillusions des nouveaux ruraux. »*

Le souhait de vouloir créer une entreprise pour sortir du chômage n'est pas une mauvaise raison en soi, si vous êtes passionné, si votre projet est réfléchi, que l'accueil est pour vous une seconde nature. *A contrario,* si cette solution a été choisie par désespoir de ne pouvoir trouver une autre source de revenu, vous ne devez pas persévérer dans ce projet. Certains peuvent avoir aussi l'envie de changer de métier ou tout simplement de créer une entreprise, ou bien encore de partir vivre à la campagne : ouvrir un gîte rural ou des chambres d'hôtes correspond-il alors à votre désir de changement ?

Si vous êtes exploitant agricole, l'activité touristique ne va-t-elle pas mettre en péril l'activité agricole ? Est-ce la bonne solution ?

Ce projet n'a peut-être pas vocation à faire vivre votre famille mais seulement à valoriser votre patrimoine, aussi la rentabilité en est moins importante.

Vous découvrirez vite que l'entourage, et notamment la famille prennent beaucoup d'importance dans un tel projet, que ce soit par leur soutien financier (le conjoint garde une activité salariée, les beaux-parents apportent un financement ou se portent caution), leurs compétences (un frère bricoleur vous aide dans les travaux d'aménagement) ou leur soutien moral. Vous devez par conséquent évaluer dans quelle mesure chacun sera présent dans votre aventure.

Peut-être avez-vous des enfants, ils sont majeurs, ou au contraire le dernier a trois mois, ou peut-être souhaitez-vous fonder une famille. Ce métier vous permettra d'être proche des plus petits mais les plus grands seront contraints de faire leurs études à une centaine de kilomètres ou plus.

Ce sont souvent des couples qui mettent en place ce type d'activité touristique, excepté dans les exploitations agricoles où la femme gère cette activité secondaire.

Vous devez faire un bilan de votre parcours professionnel, et ainsi décrire les compétences acquises par des diplômes ou des expériences (professionnelles ou non). Cette liste vous permettra d'apprécier d'une part votre capacité à entreprendre, c'est-à-dire à gérer, à manager, d'autre part votre aptitude à exercer ce métier d'accueil. À partir de ce bilan vous pourrez identifier aussi le type d'activité supplémentaire que vous pouvez être en mesure de proposer. En effet, certains ont des capacités d'animation de groupes d'enfants, d'autres sont sportifs, d'autres ont d'importantes connaissances en patrimoine ou en astronomie, d'autres encore sont passionnés de théâtre, de musique ou d'art plastique.

« Les citadins doivent penser à l'isolement. Lorsqu'on vient de la ville, comme c'est le cas, il faut être très actif, sinon on s'ennuie » nous confie Annick Cristin, du Mas Saint Avit.

Le fait de ne pas avoir d'expérience ou de diplômes n'est pas un frein si ces manques sont compensés par beaucoup de motivation, de volonté, de ténacité, de travail, et par une formation.

Votre devez également analyser votre personnalité, et évaluer votre capacité à supporter l'indépendance, les clients peu aimables, les hivers rudes (pour les citadins)…

De toutes ces interrogations vous devez dégager clairement vos objectifs à court et à long terme, ainsi se précisera votre projet.

Un savoir-être essentiel : l'accueil

Aimer accueillir n'est pas en chacun de nous. Certaines personnes ne sont jamais souriantes avant une heure tardive de la matinée, d'autres perdent leur calme devant des clients antipathiques, d'autres encore détestent parler pour ne rien dire ; aucun d'entre eux ne fera ce métier avec plaisir, et la qualité de l'accueil s'en ressentira.

Le client a l'exigence de souhaiter se sentir chez lui, tout en étant dépaysé.

Lorsque vous répondez au téléphone, ayez toujours le sourire. Même s'il ne se voit pas, il s'entend ; la sonorité de votre voix est plus agréable, et donc, plus accueillante. N'oubliez pas, la première impression est déterminante.

Ce métier demande patience, diplomatie, sourires. Il est évident que tous vos clients ne seront pas aimables, certains grincheux passent aussi leurs vacances en chambres d'hôtes (peut-être auront-ils choisi la vôtre !). Lorsque le cas se présente, vous devez être souple, et l'humour peut aider à résoudre certaines difficultés.

Vous devez avoir envie d'accueillir l'autre, d'échanger, d'écouter… Ces rencontres sont souvent très riches car vos clients viennent de tous horizons, de toutes classes sociales, certains ont vingt ans, d'autres soixante-dix… Les uns seront peu loquaces tandis que les autres seront très bavards. Et si certains ont une conversation sans grand intérêt, d'autres sauront vous captiver.

Si les contacts humains vous intéressent peu, cette activité vous lassera très rapidement, et les clients ne recommanderont pas votre adresse.

Une autre qualité indispensable à ce métier d'accueil, est la discrétion. S'il faut savoir être suffisamment présent pour bien accueillir, il faut également savoir s'effacer, pour ne pas être envahissant.

> *Entendre les cris et les rires des enfants toute la journée n'est pas du goût de tous, il vaut mieux réfléchir à la question avant d'ouvrir un gîte d'enfants.*

Bien accueillir, c'est garder en mémoire que vos clients sont en vacances, qu'ils souhaitent se reposer et se divertir, avoir peu de contraintes et être suffisamment épatés pour que ce séjour reste un souvenir inoubliable.

Tentez de les surprendre, sans les ennuyer.

Une multitude de savoirs et de savoir-faire

Ce métier n'exige *a priori* aucun savoir-faire particulier, si ce n'est tenir une éponge et un balai. Nous supposons que chacun d'entre vous maîtrise ces outils avec plus ou moins de plaisir et de dextérité. La propreté des lieux est indispensable. Le linge de toilette ou de lit aux couleurs douteuses, les cheveux dans le bac à douche et la trace de rouge à lèvres sur le verre de jus d'orange du petit déjeuner… non !

> *Vous devez changer le linge de toilette deux fois par semaine et les draps de lit une fois, lorsque vos clients restent chez vous plusieurs jours.*

Outre votre capacité à rendre vos chambres d'hôtes et votre gîte rutilants, vous devez avoir d'autres compétences, et celles-ci vont vous aider à apporter un plus à votre hospitalité. Ces compétences peuvent être de tous ordres, mais il est important que vous sachiez les identifier. Nous pouvons les répertorier en quelques groupes :

Si vous êtes rebutés par les corvées domestiques, mieux vaut ne recevoir personne !

- L'art : que vous soyez musicien, passionné d'art plastique, ou conteur, ces divers savoirs et savoir-faire vont vous permettre d'orienter votre accueil vers votre passion. En effet, vous êtes à même par exemple, d'organiser des concerts, de recevoir des stages de poterie ou de raconter des histoires à des groupes d'enfants autour d'un goûter.
- Le sport : là encore, votre pratique d'un sport peut vous amener à organiser des activités sportives dans le cadre de votre gîte. En plus d'être attiré par le charme de votre demeure, les vacanciers auront plaisir à partir en randonnée avec vous ou à être initiés au canyoning. La liste des sports que vous pouvez pratiquer est longue ; de plus, vous pouvez orienter votre activité vers l'accueil de groupes d'enfants.

La clientèle du tourisme vert est curieuse, elle appréciera toujours que vous lui fassiez partager votre passion, que ce soit la décoration, la peinture, la spéléologie, la fabrication du pain...

- Le patrimoine naturel et culturel : selon votre connaissance de la région, vous pouvez vous contenter d'orienter vos clients vers des lieux de promenade, ou organiser des rencontres avec des artisans pratiquant de vieux métiers, des historiens, des archéologues, ou toute autre personne dont la connaissance de la région, de ses pierres et de sa terre peut intéresser les touristes.

→ L'art culinaire : vos talents de cordon bleu, vous conduiront bien sûr à offrir une prestation supplémentaire : la table d'hôtes. Vous pouvez également organiser des stages de cuisine, de diététique…

Les confitures « maison » au petit déjeuner sont très appréciées par les adeptes des chambres d'hôtes. Accompagnez-les de jus d'oranges fraichement pressées.

Vos **connaissances** et ***compétences***

Les savoirs (ou connaissances) et les savoir-faire (ou compétences) utilisables dans votre activité d'accueil sont infinis. C'est pourquoi il est indispensable de les lister, et d'en rechercher l'utilisation possible.

Vos connaissances ou compétences	**Comment pensez-vous les utiliser (organisation de stages, information...)**

Une décoration de bon goût

Le bon goût n'est pas universel, et le bon goût des autres n'est peut-être pas le vôtre. Rien de plus subjectif que cette qualification. Quoi qu'il en soit, un intérieur décoré avec soin sera toujours plus chaleureux que celui dont on a choisi les meubles et les objets pour leur seule fonction sans tenter d'harmoniser l'ensemble. Dans ce cas pourquoi ne pas mettre des armoires métalliques et des tables de réfectoire !

Les brocantes et dépôts-ventes sont des mines d'or. Vous y trouverez un ameublement (de toute époque et style) à des prix plus que raisonnables si vous vous donnez la peine de chercher. Il est souvent nécessaire de les recirer ou de les repeindre, mais le résultat sera très satisfaisant.

« Cliente de Madame Fagoaga, j'ai gardé de sa splendide maison un souvenir inoubliable. La décoration de chaque chambre comme l'aménagement du jardin sont dignes de magazines de décoration. »

La simplicité en matière de bon goût est souvent bonne conseillère. La multiplication des couleurs est souvent agressive pour l'œil. Choisir de décorer une chambre dans une seule couleur peut être très harmonieux, vous aurez ainsi la chambre verte, la chambre jaune, la chambre bleue ! Devant votre maison les fleurs sont plus accueillantes que les poubelles.

Vous pouvez vous aider en feuilletant des magazines ou des livres de décoration. Vous y trouverez beaucoup d'idées simples, originales et amusantes, choisissez les plus faciles à réaliser pour que la finition soit plus réussie.

Cet aspect de l'hospitalité ne doit pas être négligé et vos clients se souviendront de vos qualités de décorateur ou décoratrice. Peut-être est-ce même ce qui fera de leur séjour un moment inoubliable.

Gestion, organisation et disponibilité

Ce métier demande d'être organisé, disponible et bon gestionnaire. Si vous manquez de rigueur dans votre organisation, vous ne parviendrez pas à mener à bien l'ensemble de vos activités, que ce soient les tâches ménagères ou l'accueil en passant par l'animation des stages…

Votre disponibilité est indispensable. Vous ne serez disponible que si vous gérez votre temps en ce sens. Propriétaires de chambres d'hôtes, vous ne pouvez concilier une activité salariée extérieure avec, par exemple, le petit déjeuner que vous servez à 10 heures du matin avec le sourire, l'accueil des premiers vacanciers vers 16 heures, et de ceux qui, retardés sur la route, n'arrivent qu'à 18 heures. N'oublions pas les appels téléphoniques à toute heure de la journée pour les réservations. Vous ne pouvez pas être constamment remplacé par un répondeur. Lors d'une recherche d'hébergement, le client téléphone à plusieurs adresses sélectionnées, et, à qualité égale, il choisit celle qui lui répond.

Si lors d'une absence vous vous faites remplacer au téléphone, voire à l'accueil, assurez-vous que la personne est bien renseignée sur les tarifs, le planning de réservation… et sait également être aimable.

N'oubliez pas que ce métier nécessite que vous ET votre famille ayez envie d'accueillir, et acceptiez de satisfaire aux caprices de vos hôtes. Votre famille c'est aussi vos chats et vos chiens !

Vous devez pouvoir estimer le temps nécessaire aux différentes tâches ci-dessous, et mesurer votre capacité à les assumer toutes.

→ Les travaux ménagers. Vous y passerez beaucoup plus de temps si vous ouvrez des chambres d'hôtes qu'un gîte.

- → La préparation des petits déjeuners et repas (si table d'hôtes), ainsi que leur service.
- → L'organisation et l'animation des activités sportives, artistiques ou autres.
- → La comptabilité et la gestion de votre entreprise.

D'un point de vue de gestionnaire, rentabiliser votre affaire doit être votre unique objectif, et cela ne doit pas se faire au détriment de votre accueil. Si le chant des oiseaux est beaucoup plus agréable que celui des chiffres, il ne doit pas vous faire oublier que vous créez une entreprise. À ce titre, vous devez être capable de juger ce qui vous fait perdre de l'argent et ce qui vous en fait gagner ; vous savez également qu'une comptabilité mal tenue entraîne des retards de paiement à l'administration et donc des majorations. Peut-être, vaut-il alors mieux utiliser les services d'un comptable ?

▷ Une formation

Une formation est vivement conseillée car elle vous permettra de mettre en place un projet viable. Ces formations sont adaptées à des adultes en reconversion dont le souhait est de créer une activité touristique en milieu rural. Des organismes comme le Centre de formation et de promotion Le Verger, l'Afrat (Centre de formation professionnelle aux métiers du tourisme rural), Asfodel (Association de formation et de développement rural appliqué au local) vous proposent de nombreux stages qui vont de un à neuf mois. Participer à une formation sur le tourisme rural peut vous aider, par ailleurs, à obtenir une subven-

tion. Un financement peut être possible, si vous êtes demandeur d'emploi, mais également si vous êtes salarié par l'intermédiaire du CIF (congé individuel de formation).

Les formations existantes vont de la cuisine à l'encadrement de groupe, en passant par la gestion et la décoration.

Si vous souhaitez étendre votre activité de chambre d'hôtes et de gîte en proposant des activités à des groupes d'enfants ou des activités sportives, certaines qualifications sont requises.

Dans le cadre de l'animation et de l'encadrement de groupes d'enfants, plusieurs diplômes existent :

- le BAFA (brevet d'aptitude aux fonctions d'animateur) ;
- le BAFD (brevet d'aptitude aux fonctions de directeur) ;
- le BEATEP (brevet d'État d'animateur technicien de l'éducation populaire et de la jeunesse) ;
- le DEFA (diplôme d'État relatif aux fonctions d'animation).

Dans le cadre des activités sportives, les animateurs doivent être titulaires d'un BEES (brevet d'État d'éducateur sportif).

Si cette activité sportive est la randonnée équestre, le diplôme nécessaire est, soit un BEES, soit un brevet fédéral d'accompagnateur de tourisme, soit un brevet fédéral de guide de tourisme équestre.

Manager

Si votre activité se développe, que vous recrutez du personnel d'encadrement pour les animations de loisirs, vous devez savoir le manager. Ce personnel sera le reflet de votre accueil. Vos clients seront contents ou mécontents d'un ensemble de services.

Il est donc nécessaire de savoir les recruter, mais aussi de les encadrer, et d'instaurer une ambiance respectueuse et chaleureuse.

▷ Où trouver le succès ?

→ L'emplacement.

→ L'accueil, le concept et la décoration.

→ Une gestion du temps maîtrisée.

→ Une longue saison d'activité.

→ Un bon rapport qualité/prix.

→ Une capacité d'accueil adaptée à vos investissements.

→ Des locaux adaptés, un respect scrupuleux des règlements d'hygiène et de sécurité.

→ Une publicité bien ciblée.

→ Une formation pour plus de perfection.

→ Votre personnalité fera la différence.

ART'MONIE

ARLETTE ET JACQUES ELZIÈRE

Le Bourg Gelé, 89560 Lain, 03 86 45 20 39

Trois épis – cinq chambres d'hôtes (avec salle de bains et wc) : entre 42 et 66 € pour deux personnes, petit déjeuner compris – Table d'hôtes : 21 €

www.artmonie.net

Arlette et Jacques Elzière, lassés de la vie parisienne décident en 1996 de s'installer à la campagne et de créer une activité de chambres d'hôtes. C'est dans l'Yonne qu'ils ont le coup de foudre pour une ancienne ferme bourguignonne. Cet emplacement, à moins de deux heures de Paris (170 km) va permettre à Jacques de poursuivre son activité salariée dans la capitale, tandis qu'Arlette aménagera les chambres et accueillera les clients, en compagnie de Mouna, un superbe bouvier bernois. Arlette Elzière ne parvenait plus à trouver un emploi fixe depuis plusieurs années, ce projet va lui permettre de retrouver une activité.

Avant de conclure l'achat de la maison, ils demandent l'avis de la Fédération nationale des gîtes de France. *Ils ont pris cette précaution afin d'être assurés de pouvoir bénéficier de l'agrément, sachant que les critères sont stricts (situation géographique, taille des chambres, espace intérieur…).*

Ils achètent la maison à crédit, les travaux seront financés grâce à la vente de leur maison à Paris. Leur choix est d'emprunter le moins possible pour ne pas être dépendants des résultats de leur activité. Hormis le gros œuvre, ils réalisent les travaux eux-mêmes (électricité, carrelage, parquet…). Arlette Elzière se consacre aux finitions et à l'ameublement qu'elle déniche dans les brocantes de la région.

Leur premier objectif était d'ouvrir trois chambres dont une accessible aux handicapés, et d'avoir une activité de table d'hôtes.

Arlette Elzière s'aperçoit rapidement que la table d'hôtes demande énormément d'énergie : il lui arrive d'offrir le couvert à une dizaine de personnes pendant plusieurs jours, ce qui implique de bien gérer les achats, de mettre le couvert, de cuisiner des repas savoureux et originaux, de desservir, de faire la vaisselle.

Arlette et Jacques Elzière constatent que les gens ont de plus en plus envie de partager les repas avec les propriétaires car ils ont besoin de communiquer. Ils sont lassés d'aller au restaurant et de se retrouver dans l'anonymat, d'être des clients comme les autres. Les familles avec trois ou quatre enfants préfèrent prendre des vacances plus courtes et recevoir un service personnalisé.

Une chambre avec table d'hôtes est une prestation onéreuse mais c'est un service où tout est fourni et où les clients sont dépaysés tout en étant comme chez eux.

Arlette et Jacques Elzière accueillent des clients venant de Paris, de Belgique, de Hollande. Ils ont également une clientèle de proximité : lors de grands événements (mariages, anniversaires de mariage, communions…), les habitants de la région louent des chambres pour leurs invités. Ils ferment entre la mi-novembre et fin janvier, mais les clients commencent réellement à venir au mois d'avril jusqu'à la fin du mois de septembre, avec une pleine saison bien entendu en juillet et août.

« La table d'hôte demande beaucoup d'énergie. »

Classé trois épis par les Gîtes de France, Art'Monie est aussi citée dans Le guide du routard, voici de quoi faire leur promotion. De plus, Jacques Elzière vient de créer un site internet dans lequel il décrit leurs services, leurs tarifs, et les attraits de la région.

Ils ont ouvert depuis une quatrième et une cinquième chambre, et Jacques Elzière songe à espacer ses retours sur Paris. Un dilemme subsiste cependant : le salaire de Jacques est indispensable à l'équilibre financier du ménage, et la quantité de travail que doit produire Arlette la semaine (essentiellement *avec la table d'hôtes) nécessite une deuxième personne. Une solution pour améliorer leurs gains serait de développer d'autres activités comme l'organisation de spectacles ou de stages. Cette demande se fait d'ailleurs de plus en plus sentir de la part de leurs clients.*

Arlette et Jacques Elzière sont convaincus que ce travail demande beaucoup d'amour : il est essentiel d'aimer les gens et d'avoir envie de leur faire plaisir. Il n'est pas concevable de vouloir faire fortune ; la relation commerçant/client dénature le principe de la chambre d'hôtes selon lequel le client doit trouver service personnalisé, échange, partage et plaisir.

« Pour faire ce métier il est essentiel d'aimer les gens et d'avoir envie de leur faire plaisir. »

Le *tourisme* vert

2

LE TOURISME VERT est un terme regroupant un certain nombre d'activités dont le dénominateur commun est l'accueil de vacanciers dans un cadre rural privilégié. Il englobe ainsi, les gîtes ruraux, les chambres d'hôtes, les tables d'hôtes...

Ces activités, à elles seules ne peuvent faire vivre une famille. Tout au long de cet ouvrage vous constaterez l'utilité d'avoir un projet global dont, en effet, un des aspects est l'hébergement touristique.

Le gîte rural est situé dans un habitat de qualité, de construction et d'environnement à caractère rural, indépendant du logement du propriétaire. Il est meublé et peut ainsi recevoir une clientèle de vacanciers à la semaine (ou au week-end). La chambre d'hôtes, en revanche, est chez l'habitant et accueille une clientèle de passage ou de séjour à la nuitée.

La table d'hôtes est le prolongement d'une activité d'hébergement (chambres d'hôtes, gîtes d'étape...) et ne peut être proposée qu'aux hôtes qui en profitent. Il s'agit de servir dans une salle commune de caractère familial, un repas de type traditionnel, à base de produits régionaux, issus autant que possible d'une exploitation agricole ou du potager.

État des lieux d'un tourisme différent

Les premiers gîtes ruraux ont vu le jour dans les années 50, et c'est en 1968 qu'apparaissent les premières chambres d'hôtes.

Paysage français du tourisme vert

Selon la seule Fédération nationale des gîtes de France, on dénombre 42 000 propriétaires de gîtes ou de chambres d'hôtes, ce qui représente 56 000 hébergements. On comptabilise 35 millions de journées de vacances, pour un chiffre d'affaires direct de 350 millions d'euros. Les gîtes et les chambres d'hôtes couvrent aujourd'hui l'ensemble du territoire national.

On note une forte représentativité des deux activités, chambre d'hôtes (page suivante) et gîte rural, dans les régions sud (Aquitaine, Midi-Pyrénées, Languedoc-Roussillon, Provence-Alpes-Côte d'Azur) et la Bretagne, ainsi qu'une relative absence en Picardie et Île-de-France. On notera égalemant que la région Auvergne a une offre prépondérante de gîtes tandis que la Basse-Normandie, les Pays-de-La Loire et le Centre préfèrent l'hébergement en chambres d'hôtes.

Répartition des gîtes ruraux sur le territoire français (gîtes ruraux + gîtes communaux)

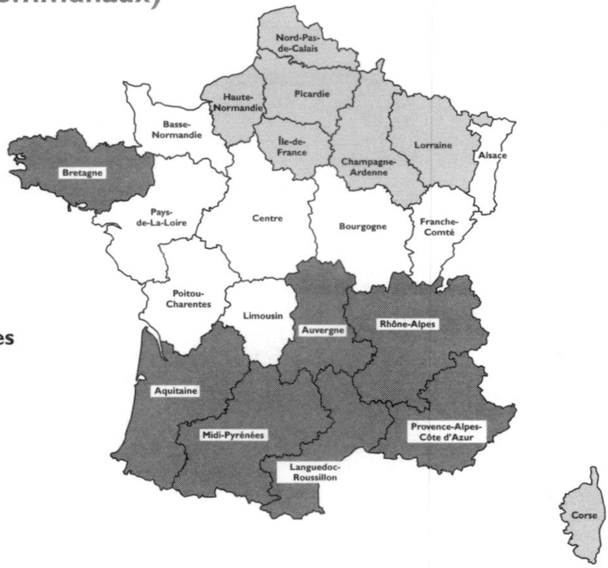

- Plus de 2 000 gîtes
- Entre 1 000 et 2 000 gîtes
- Moins de 1 000 gîtes

Répartition des chambres d'hôtes sans table d'hôtes sur le territoire français

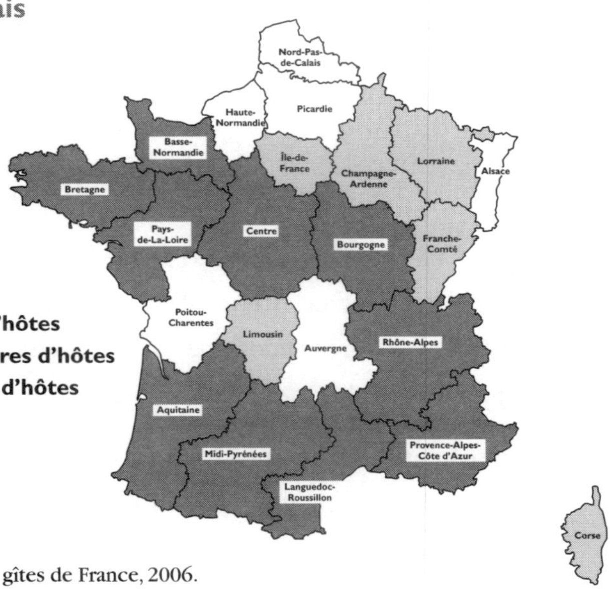

- Plus de 800 chambres d'hôtes
- Entre 400 et 800 chambres d'hôtes
- Moins de 400 chambres d'hôtes

Source : Fédération nationale des gîtes de France, 2006.

Au sein des chambres d'hôtes, certaines régions telles que l'Alsace proposent très peu la table d'hôtes : 122 pour 522 chambres. Alors que dans beaucoup d'autres lieux, un certain équilibre existe entre les chambres qui servent un repas et les autres.

Répartition des chambres d'hôtes avec table d'hôtes sur le territoire français

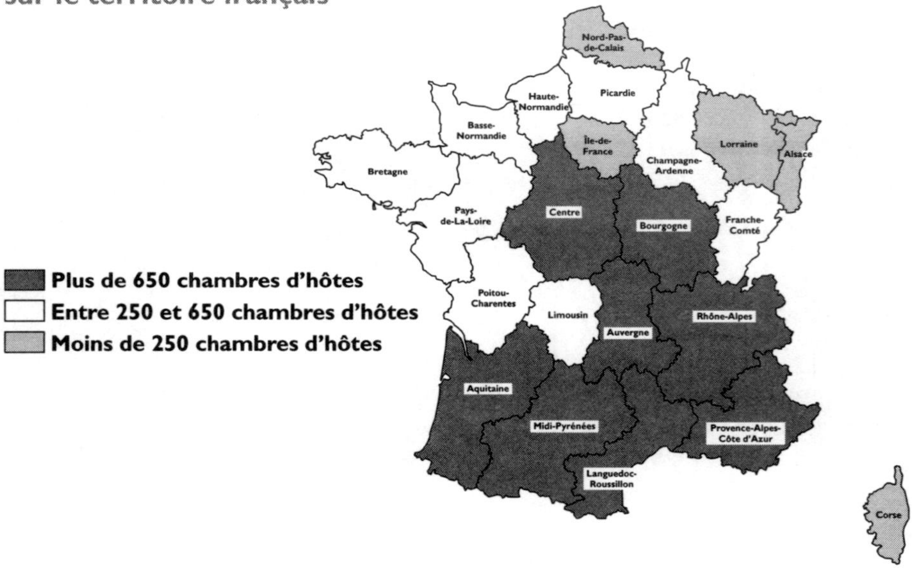

Source : Fédération nationale des gîtes de France, 2006.

Vient, en tête des régions d'accueil en chambre d'hôtes avec table d'hôtes, la région Rhône-Alpes (1 942), suivie de Midi-Pyrénées (1 535), de Provence-Alpes-Côte d'Azur (1 420), du Languedoc-Roussillon (959) et de l'Auvergne (878).

Le palmarès des régions qui proposent le plus d'hébergements touristisques du type gîte ou chambre d'hôtes est le suivant :

1. Rhônes-Alpes (avec 7 678 hébergements),

2. Midi-Pyrénées (5 849), 3. Bretagne (5 115), 4. Provence-Alpes-Côte d'Azur (4 588) et 5. Languedoc-Roussillon (3 959).

Le palmarès est identique en ce qui concerne les gîtes seuls.

Mais qu'en est-il de l'hôtellerie traditionnelle ?

Répartition de l'hôtellerie classée de tourisme sur le territoire français

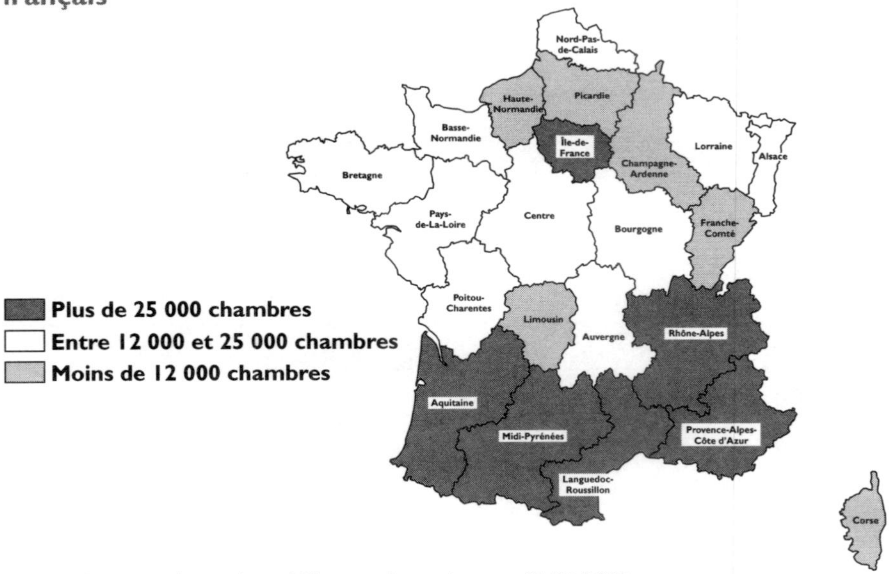

Source : Direction du tourisme, Mémento du tourisme au 01/01/2005.

Il n'est pas étonnant de constaster que le Sud-Est est, à nouveau, largement représenté, et que certaines régions comme la Champagne, la Corse, la Franche-Comté et la Haute Normandie ont un équipement d'accueil touristique peu important.

Partons-nous en vacances ? et où ?

Répartition des séjours en France (par région réceptrice)

Destination	Nombre de séjours (en millions)				
	2000	2002	2004	%	Rang
Alsace	2,3	2,7	2,9	1,8	20
Aquitaine	9,3	10,1	10,5	6,6	7
Auvergne	4,3	4,7	5,1	3,2	13
Basse-Normandie	5,0	5,5	5,7	3,6	11
Bourgogne	5,1	5,1	5,5	3,5	12
Bretagne	9,7	11,4	12,3	7,7	3
Centre	7,1	7,3	8,1	5,1	9
Champagne-Ardenne	2,7	2,4	3,3	2,1	18
Corse	1,2	1,4	1,0	0,6	22
Franche-Comté	2,7	2,9	3,2	2,0	19
Haute-Normandie	3,3	3,3	3,4	2,1	17
Île-de-France	10,5	11,0	12,0	7,5	4
Languedoc-Roussillon	9,4	9,6	10,7	6,7	6
Limousin	2,1	2,2	2,2	1,4	21
Lorraine	3,9	3,7	4,0	2,5	15
Midi-Pyrénées	7,4	8,5	8,5	5,3	8
Nord-Pas-de-Calais	4,7	4,6	5,0	3,1	14
Pays-de-la-Loire	9,7	11,6	11,8	7,4	5
Picardie	3,4	3,6	3,7	2,3	16
Poitou-Charentes	6,6	6,7	6,7	4,2	10
Provence-Alpes-Côte d'Azur	13,8	14,1	14,7	9,2	2
Rhône-Alpes	16,3	17,3	18,2	11,4	1

Destination	Nombre de séjours (en millions)				
	2000	2002	2004	%	Rang
France sans indication	0,1	0,1	0,2	0,1	–
Dom-Tom	1,0	0,7	0,9	0,5	23
Total France	141,6	150,6	159,4	100	

Source : SDT, Direction du Tourisme/TNS Sofres. (Mémento du tourisme 2005).

Sans aucune surprise, nous partons dans les régions où se trouve l'hébergement touristique, que ce soit dans l'hôtellerie traditionnelle, les gîtes ou les chambres d'hôtes… Le record du nombre de nuitées est détenu par les régions Rhône-Alpes et Provence-Alpes-Côte d'Azur.

En 2004, la clientèle des Gîtes de France se répartit ainsi : 17 % viennent de la même région, 23 % de la région parisienne, 42 % des autres régions et 18 % de l'étranger.

Le touriste, au travers du tourisme vert, a une attente particulière. Il recherche un environnement de qualité doté d'un patrimoine naturel et culturel ; il souhaite un acceuil chaleureux et sincère, une certaine authenticité, la qualité de confort importe également ainsi que la restauration (table d'hôtes ou restaurant près du lieu d'hébergement). D'autres critères telles les activités praticables (et leur proximité), des prix clairement affichés influencent aussi son choix.

L'offre du tourisme vert évolue-t-elle ? Et à qui s'adresse-t-elle ?

La Fédération nationale des gîtes de France note une croissance du nombre d'hébergements entre l'année 2001 et l'année 2006.

Évolution du nombre de gîtes ruraux et chambres d'hôtes entre 2001 et 2004

	2001	2003	2004
Nombre de gîtes ruraux	42 253	42 695	44 176
Nombre de chambres d'hôtes	23 912	25 801	30 338

Source : Fédération nationale des gîtes de France.

À ces chiffres, il convient d'ajouter ceux provenant d'autres réseaux proposant des meublés et chambres d'hôtes. Ainsi, au 1er janvier 2006, Clévacances disposait de 23 792 locations et 3 385 chambres d'hôtes, tandis que le réseau Fleurs de Soleil offrait 1 400 chambres d'hôtes.

La croissance du tourisme vert s'explique par le besoin du citadin de redécouvrir la nature et par la crise économique qui a amputé le budget vacances de certains.

La demande augmente, les candidats au tourisme vert sont de plus en plus nombreux, mais la courbe des échecs est également ascendante. Trop de projets sont construits comme des rêves : il ne faut pas oublier de penser rentabilité.

En 1998, la coupe du monde de football a permis l'émergence d'une nouvelle clientèle étrangère.

La fréquentation des gîtes et chambres d'hôtes est relativement stable depuis quelques années, comme celle du tourisme rural dans son ensemble : 35,7 % des déplacements touristiques des Français ont lieu à la campagne en 2004 (contre 37 % en 1995). (Source : Mémento du tourisme).

Selon la Fédération nationale des gîtes de France, trente-cinq millions de journées-vacances sont vendues chaque année. Deux millions de personnes par an fréquentent les « Gîtes de France » dont environ 20 % d'étrangers.

Selon une étude réalisée, en 2005, par le cabinet Détente pour la Fédération des gîtes de France, le chiffre d'affaires annuel des gîtes ruraux et des chambres d'hôtes est évalué à 422,8 millions d'euros. Les dépenses indirectes, qui atteignent 747,5 millions d'euros, sont pour l'essentiel faites sur place et profitent avant tout à l'économie locale. Les bénéficiaires de ces retombées sont les commerces alimentaires, les bars et restaurants, les activités de loisirs, les transports et distributeurs de carburants et les autres commerces et services.

D'après la même fédération, le client recherche d'abord un cadre agréable de séjour, puis un accueil privilégié. La clientèle des gîtes ruraux est composée en majorité de couples de 25 à 44 ans avec deux enfants de moins de 15 ans. Ils sont salariés, cadres moyens ou enseignants. Ils changent généralement de région chaque année. La clientèle des chambres d'hôtes, en revanche, est essentiellement constituée de couples sans enfant, âgés de 35 à 64 ans. Ils sont salariés, cadres moyens et supérieurs, ou professions libérales. Ils effectuent principalement de courts séjours.

Ouvrir un gîte rural ou une chambre d'hôtes aujourd'hui

La France est le pays qui accueille le plus de touristes au monde.

Créations et reprises dans ce secteur

Le taux de création est élevé. Les chambres d'hôtes s'ouvrent au rythme de 2 400 par an en moyenne (800 nouvelles adresses par an), et de 2 500 pour les gîtes ruraux pour la seule Fédération des gîtes de France.

Les chambres d'hôtes et les gîtes ruraux sont répertoriés pour l'INSEE dans l'activité « autres hébergements touristiques ». Mais il faut savoir qu'une création de chambre d'hôtes ou de gîte ne donne pas toujours lieu à une inscription à la Chambre de commerce et d'industrie, et par conséquent n'est pas répertoriée par l'INSEE. En effet, comme vous le verrez dans le chapitre « Quelles démarches entreprendre », en dessous de 23 000 € de chiffre d'affaires, vous êtes dispensé de certaines obligations. Le nombre d'entreprises et de créations d'entreprises décrit dans le tableau ci-dessous n'est donc pas significatif. Cependant nous pouvons imaginer que ces chiffres se rapprochent du nombre de personnes qui vivent réellement de cette activité.

Nombre de créations et reprises en 2004

Nombre d'entreprises au 01/01/04	Créations	Reprises	Taux de création	Taux de reprise
7 862	1 096	87	14 %	1 %

Le tourisme vert est-il rentable ?

Le gîte rural est un logement meublé indépendant situé en commune rurale, créé ou aménagé dans des bâtiments disponibles et destinés à recevoir une clientèle de vacanciers. Ils sont commercialisés à l'unité semaine ou au week-end, parfois à la journée lorsque le gîte propose une activité spécifique.

Un gîte se loue en moyenne 17 semaines par an. Pour les adhérents à la Fédération nationale des gîtes de France, la location s'effectue à la semaine ou au week-end. Les prix de location sont établis à l'avance et publiés dans les guides des gîtes et chambres d'hôtes, nets de toutes majorations. Le chiffre d'affaires annuel moyen d'un gîte est de 5 396 €.

Prix moyen de semaine de location par gîte rural (€) en 2004

Catégorie	Semaine Juillet / Août	Hors saison
1 épi	265	178
2 épis	335	221
3 épis	459	299
4 épis	787	513
5 épis	1 623	1 085

Source : Fédération nationale des gîtes de France, 2006.

La chambre d'hôtes est une chambre équipée chez l'habitant, en milieu rural, en vue d'accueillir des touristes. Elles sont commercialisées à la nuitée (chambre et petit déjeuner) dans le cadre d'un passage ou d'un séjour.

Le prix moyen, petit déjeuner compris, est de 49 €. Le prix moyen du repas en table d'hôtes est de 17 €. Le chiffre d'affaires annuel moyen est de 14 891 € par structure (3 chambres en moyenne). Des écarts conséquents existent en fonction de la durée de la saison de location, de la qualité et des services proposés (table d'hôtes, chambre de prestige ou « un épi » ...).

Il n'existe aucun barème strict en matière de prix de location, son montant reste à la discrétion du propriétaire. Le prix dépend du secteur géographique, de la période de l'année (haute, basse et moyenne saison) et de la catégorie (étoiles, épis... selon les organismes).

Commercialisation des gîtes et chambres d'hôtes en 2004

	Gîtes ruraux	Chambres d'hôtes
Durée moyenne de séjour	1 semaine et demie	3 nuits
Durée moyenne de location	17 semaines	15 semaines

Source : Fédération nationale des gîtes de France, 2006.

Rarement étalée sur toute l'année, la saison est essentiellement estivale, excepté pour certains sites qui attirent autant de touristes l'hiver que l'été, comme la montagne.

Une seconde activité ?

On constate que l'ouverture d'un gîte rural ou de chambres d'hôtes ne peut être un projet viable s'il n'est pas associé à d'autres activités. La créativité fait alors son chemin : du patrimoine à l'environnement en passant par l'animation de loisirs, le tourisme vert donne libre cours à votre imagination.

Vous pouvez évaluer votre chiffre d'affaires moyen sur l'année :

Vous possédez un gîte rural 3 épis : 8 semaines à 459 € + 8 semaines à 299 €, soit un chiffre d'affaires annuel de 6 064 €.

Le gîte d'étape, le gîte de séjour...

La Fédération nationale des gîtes de France a une classification qui s'étend au-delà du gîte rural :

- Le gîte d'enfants et d'adolescents : ces gîtes sont aménagés pour accueillir des enfants de 4 à 15 ans pour les vacances scolaires, les séjours de loisirs...
- Les gîtes d'étape sont destinés à accueillir les randonneurs pour une nuit ou deux. Les gîtes de séjour, prévus pour les familles ou les groupes d'une vingtaine de personnes sont prévus pour des

séjours plus longs. Leur capacité peut atteindre cinquante personnes. Ce sont des chambres ou des dortoirs.

- Le camping et les aires naturelles de camping, dont certains sont à la ferme.
- Les chalets-loisirs. Ce sont des constructions récentes individuelles à la campagne.

Certains gîtes peuvent avoir une particularité : gîte de neige, gîte accessible à tous (personnes handicapées), gîte de pêche, gîte prestige, gîte et cheval (vous pouvez accueillir les chevaux des randonneurs), gîte panda (situé dans un parc naturel, il est orienté sur la découverte et la préservation de l'environnement).

Vous possédez cinq chambres d'hôtes que vous louez 45 € la nuitée, durant 14 semaines. Soit un chiffre d'affaires annuel de 22 050 €.

Ceci est une moyenne. Il est bien entendu que beaucoup de paramètres peuvent faire modifier ce chiffre d'affaires éventuel.

Ces chiffres doivent vous faire prendre conscience de l'aspect accessoire de cette activité, qui, seule, ne peut être rentable.

L'Assemblée permanente des chambres d'agriculture (APCA) a un label qu'elle attribue à des prestations différentes. La particularité de ce label est que ce ne sont que des agriculteurs qui l'obtiennent.

- Les fermes auberges : les fermiers proposent des repas traditionnels, certains d'entre eux offrent également l'hébergement.
- Les fermes équestres, qui s'adressent autant aux débutants qu'aux cavaliers confirmés, proposent de l'initiation, de la randonnée, de l'attelage, de la compétition, de la voltige… Ces fermes proposent parfois l'hébergement et la restauration.

Si vous souhaitez accueillir des enfants pour des « classes vertes », « classes de neige » et autres séjours scolaires, vous pouvez vous associer à des organismes gérant ces séjours, comme l'UFCV (Union française des centres de vacances et de loisirs) par exemple, ou tout simplement aller démarcher des écoles.

- Les fermes de séjour accueillent des familles, et organisent des activités. La capacité ne peut être supérieure à six chambres.
- Le camping à la ferme.
- Les goûters à la ferme, les produits de la ferme, la chasse.
- Les fermes pédagogiques. Destinées aux enfants et aux adolescents, dans le cadre de leur scolarité ou de loisirs accompagnés, ces fermes proposent des activités pédagogiques visant à expliquer aux jeunes la réalité du monde agricole. Ces fermes accueillent les enfants à la demi-journée, à la journée, ou au séjour.

La table d'hôtes

Lorsque la table d'hôtes existe, 60 % des locataires y prennent au moins un de leur repas.

Source : Fédération nationale des gîtes de France.

Certaines régions sont désespérément dépourvues de belles salles de réception et ne possèdent que la salle polyvalente dont l'architecture et la décoration sont souvent discutables.

La famille des mariés pourra après la fête être hébergée dans vos chambres d'hôtes ou votre gîte.

Les propriétaires ne peuvent offrir le repas à leurs hôtes que dans la limite de quinze personnes. Ce service permet d'augmenter significativement la fréquentation des chambres que vous louez, et apporte des revenus supplémentaires. Cependant, cette activité demande beaucoup de disponibilité et n'aura de raison d'être que dans le cas où votre habitation se trouve éloignée de tout autre restaurant.

La location de salle de réception

Lorsque les bâtiments le permettent, la location d'une salle en vue de l'organisation de réceptions telles que les mariages ou les repas d'association, peut être lucrative pour une disponibilité assez limitée. Il s'agit de mettre à disposition du client une salle d'une certaine capacité (on compte une personne assise par mètre carré) et une cuisine aux normes, permettant à un traiteur de réchauffer les plats. Il n'est pas rare que le traiteur dispose lui-même de tables et de chaises, que vous pouvez également fournir.

L'organisation de séminaires

Vos locaux peuvent être utilisés pour des séminaires, des stages... Ainsi, les stagiaires sont hébergés dans votre gîte ou vos chambres d'hôtes et vous pouvez également leur offrir le couvert ; le cadre apaisant de votre région sera un « plus » pour les participants.

Ces séminaires sont souvent organisés autour d'un thème comme le théatre contemporain, la musique baroque, le yoga, la diététique... passions que partagent les propriétaires des lieux.

Il est possible alors de démarcher les comités d'entreprise et les associations.

À Mauroux, dans le Gers, La ferme des étoiles *propose différentes formules de séjours sur le thème de l'astronomie, qui vont du week-end à la classe de découverte. La ferme héberge aujourd'hui 10 000 personnes par an et réalise un chiffre d'affaires de 381 000 € environ.*

Source : Village magazine *(août 1999).*

Les activités culturelles ou sportives

Dans le même esprit que l'activité précédement proposée, l'accueil cible de plus en plus un public spécifique : artistes, écrivains... mais aussi randonneurs, pêcheurs...

Ainsi les propriétaires de gîtes et chambres d'hôtes proposent des activités liées à leur passion. Sous forme de week-end ou de séjour « initiation » (ou « perfectionnement »), de journée « découverte »... l'activité qu'elle soit sportive, artistique ou autre est animée par le propriétaire.

Les sports pratiqués dans ce cadre sont le VTT, la randonnée pédestre et équestre, le canyoning, le canoë-kayac, avec découverte de la région principalement.

Les activités culturelles proposées peuvent être l'apprentissage d'un instrument de musique ou l'organisation de concerts ; vous pouvez également improviser ou faire visiter des ateliers d'art plastique, avec rencontre d'artistes de la région. Les idées se déclinent à l'infini et sont, dans tous les cas, fonction de la sensibilité et des compétences du propriétaire des lieux.

Comme pour l'activité précédente, vous pouvez démarcher les comités d'entreprise, les associations, mais aussi les écoles, les organismes de centres de vacances (UFCV, UCPA...).

L'agriculture et la vente de produits de la ferme

Nombreux sont les agriculteurs qui ouvrent une chambre d'hôtes, mais aussi les citadins qui s'installent à la campagne pour ouvrir un gîte et démarrer une activité agricole. Dans ce dernier cas, ces nouveaux paysans se tournent en général vers l'agriculture biologique. À cela s'ajoute la vente des produits sur les marchés, ou à une coopérative.

L'essentiel des touristes français viennent de la région parisienne tandis que l'essentiel des touristes étrangers viennent de l'Allemagne suivie de la Grande-Bretagne.

Source : Direction du tourisme.

Des idées...

Vous pouvez diversifier votre public en vous adressant :

- → aux scolaires pour des classes de découverte ;
- → aux entreprises pour des séminaires ;
- → aux comités d'entreprise et aux associations pour des stages sportifs ou culturels.

N'hésitez pas à proposer plusieurs produits : stages, séjours à la semaine, week-ends détente, dégustation de produits de la ferme...

La pratique d'une langue étrangère peut apporter une nouvelle clientèle notamment anglaise, italienne et allemande.

L'accessibilité du site aux personnes handicapées ou âgées élargit également votre cible. Cependant, les travaux nécessaires pour la mise aux normes peuvent être relativement élevés et sont fonction de la configuration de votre habitat (rampe d'accès, salle d'eau équipée...).

« La demande est de plus en plus forte, les gens veulent autre chose que les circuits traditionnels, le tourisme vert a donc de beaux jours devant lui. Les fermes pédagogiques sont encore peu nombreuses alors que la demande est forte, les populations devenant de plus en plus urbaines. Ce retour à la nature et cette découverte de fermes traditionnelles plaisent énormément à ces citadins » constate Philippe Savouré, de La Métairie.

OLHABIDÉA

MADAME FAGOAGA

64310 Sare, 05 59 54 21 85

Trois épis – trois chambres avec salle de bains et wc, petit déjeuner compris (entre 68 et 75 €), salon, à 14 km de Saint-Jean-de-Luz

www.olhabidéa.com

C'est en Angleterre que Madame Fagoaga, découvre au travers des Beds and Breakfast, l'art de recevoir et d'accueillir dans sa maison. Elle avait déjà plaisir à recevoir amis et famille chez elle, elle est à présent séduite. Ses enfants partis, une grande et belle maison basque à entretenir, elle se lance dans l'accueil en chambre d'hôtes. « En milieu rural, l'accueil est une façon d'affirmer le rôle que doivent jouer les femmes. » pense-t-elle.

Déléguée des chambres d'hôtes des Pyrénées-Atlantiques auprès de la Fédération nationale des gîtes de France, elle rencontre beaucoup de prétendants au tourisme vert. Souvent, ceux-ci doivent être freinés dans leur enthousiasme, n'évaluant pas assez précisément l'ampleur des travaux. Madame Fagoaga n'a pas eu à investir, mais simplement à aménager et à décorer les chambres laissées vacantes par ses enfants.

Dans les premiers temps elle passait par une centrale de réservation (Café-couette, qui n'existe plus aujourd'hui) qui lui demandait une commission de 15,24 € par nuit. Devant des tarifs aussi élevés, elle s'est passée de leurs services. Quatre ans ont été nécessaires pour fidéliser sa clientèle.

« Les gens recherchent le calme, le charme, et la convivialité qu'ils ne retrouvent plus ou très rarement dans leur vie quotidienne. Vous ne devez pas leur proposer la télévision ou le téléphone dans les chambres, ils doivent être dépaysés. Le petit déjeuner est un moment d'échange. Certaines personnes engagent plus la conversation que d'autres. L'essentiel est que chacun vive son séjour à Olhabidéa comme il l'entend. Vous devez organiser le séjour de vos hôtes, *les informer sur la région, les activités de proximité. Cela ne s'improvise pas. Il faut déployer beaucoup d'énergie et de générosité pour s'occuper de chambres d'hôtes. Vous devez pour cela être ouvert et avoir le plaisir d'accueillir les gens chez vous comme des cousins. Une marque de confiance est de ne pas mettre de clés aux portes, que ce soit celles des chambres d'hôtes ou la mienne, c'est une question de respect mutuel. Mes hôtes sont mes invités, s'ils veulent une bière je leur offre une bière, c'est gratuit ; je ne leur apporte pas le petit déjeuner dans leur chambre, ce n'est pas un hôtel. Les gens ont la maladie de l'indifférence, je leur réserve donc un accueil personnalisé. J'aime m'occuper de mes invités et de ma maison ! J'ai personnalisé chaque chambre et je prépare un bouquet de fleurs fraîches ou séchées de mon jardin pour les nouveaux arrivants. Le contact téléphonique lors des réservations est très important, vous devez avoir une voix agréable, et déjà accueillir le client dans la façon de vous présenter. »*

« Ne pas mettre de clés aux portes. »

« Il ne faut pas concevoir la création de gîtes ou de chambres d'hôtes comme un business. Vous allez investir beaucoup, créer de grosses structures, et le charme, le caractère, l'authenticité de la chambre d'hôtes auront disparu ; d'autant que ce type de projet, trop ambitieux, peut amener à beaucoup de désillusions. Le projet doit être bien cerné au départ. Les prétendants sont de plus en plus nombreux, de moins en moins de subventions sont accordées, et seulement aux meilleurs projets. »

« Plus que le profit c'est l'échange qui prime. Cette activité doit rester un complément. Je peux me le permettre car je n'ai ni emprunt à rembourser, ni charges à payer. Je peux donc fermer l'hiver. »

« Pour faire connaître Olhabidéa aux touristes, mes chambres d'hôtes sont présentées dans plusieurs guides (Gîtes de France, Rivage, Le guide du routard…) *et un guide américain. Les Américains sont exigeants, ils aspirent à une certaine qualité, à un "produit abouti". Le guide permet aux*

clients de se baser sur une description et de pouvoir, si c'est nécessaire, se plaindre lorsque la réalité ne correspond pas. C'est pour ainsi dire le seul moyen de faire connaître et exister vos chambres d'hôtes ; le bouche à oreille marche également très bien, mais vient ensuite. J'ai créé également un site internet, destiné notamment aux Américains. La région joue aussi un grand rôle dans l'accueil touristique. En effet, le pays basque offre de nombreuses activités de loisirs (équitation, golfs, mer, montagne…), des fermes en bon état à proximité. Une région attractive attire des clients. »

« Ce n'est pas un business. »

3

Et si vous vous installiez ?

VOUS ÊTES DÉCIDÉ à vous installer. Pour plus de prudence, nous vous proposons de regarder l'ensemble de votre projet de plus près.

L'environnement dans lequel vous allez vous installer va conditionner votre réussite. Cet environnement se compose de la concurrence, de la clientèle potentielle, et de pôles d'attraction.

La concurrence peut drainer plus de clientèle dans la région mais elle peut également la capter à elle seule : connaître la concurrence permet de se positionner par rapport à elle, en termes de niveau de qualité, de prix, d'accueil, etc.

Votre clientèle potentielle existe. Qui est-elle ? des touristes ou des gens de passage, des amoureux du patrimoine ou des sportifs ? En connaissant le client susceptible d'entrer dans votre maison, vous saurez mieux l'accueillir.

Procurez-vous une carte de la région dans laquelle vous allez vous installer. Au moyen d'épinglettes, situez avec des couleurs différentes les éléments que votre étude vous aura enseignés tels que les différents concurrents et les pôles d'attraction.

Cette méthode vous permet de visualiser votre environnement de manière quantitative, la poursuite de l'étude sera qualitative.

Que vous ayez choisi d'ouvrir un gîte rural ou des chambres d'hôtes, d'y associer une autre activité ou non, l'ensemble de ces informations est utile et nécessaire à la construction de votre projet, elles vous permettront de réduire le plus possible les incertitudes.

Vos choix de départ vont sans doute évoluer, car certains aspects de votre environnement ne vous étaient pas apparus. Vous devez donc rester ouvert à toute opportunité et utiliser vos recherches pour préciser vos prestations. Vous allez concrétiser votre projet et définir la clientèle que vous visez ainsi que les activités supplémentaires que vous souhaitez offrir.

Attention !

Ne soyez pas trop optimiste tout au long de vos investigations ; vous risqueriez de démarrer une affaire vouée à l'échec.

La démarche qui commence avec ce chapitre aboutira, à la fin du chapitre suivant à cinq questions : Quoi ? À qui ? Comment ? Combien ? et Où ? À toutes ces questions, il convient de trouver, grâce en grande partie au bon sens appliqué sur le terrain, des réponses pertinentes étayées par des recherches documentaires, des observations, des constatations, des investigations et des avis de personnes neutres ayant les compétences nécessaires sur le sujet qui leur est exposé.

La concurrence

Connaître vos concurrents, c'est trouver le moyen de leur prendre une part de marché, ou de vous positionner en parallèle si votre cible est différente. Un partenariat peut être enrichissant. Ces concurrents ont une activité plus ou moins semblable à celle que vous voulez créer, elle est ou non rentable… Ce que vous apprendrez vous permettra d'avoir une première évaluation de votre projet.

En prenant contact avec les différents gîtes de votre région, vous pouvez élaborer un projet tel qu'un circuit sur le thème de l'environnement, la culture, le patrimoine ou la gastronomie, et cela à pied, en VTT ou à cheval. Vos concurrents deviennent alors vos partenaires.

Cette concurrence se compose de l'ensemble des hébergements touristiques : hôtels, pensions de famille, campings, gîtes, chambres d'hôtes… mais également des restaurants si vous songez à créer une table d'hôtes.

→ Quelle cible ont-ils choisi ? une clientèle aisée ou familiale ? sportive ou amoureuse du patrimoine ?

→ Quel est leur niveau de prestation ? Ont-ils un label ? Quels sont leurs tarifs ?

→ Dans le cas de gîtes et de chambres d'hôtes, quelles activités ou prestations supplémentaires sont offertes par leurs propriétaires ? (salle de réception, stage de musique, pêche, randonnées, piscine privée…).

→ Quelle est leur période de fermeture ? La décoration des lieux est-elle de bon goût ?

→ Depuis quand sont-ils installés ?

→ Quels sont leur capacité d'accueil et leur taux d'occupation ?

Deux chambres d'hôtes ou chambres d'hôtel voisines sont souvent inégalement occupées. Pourquoi ?

→ Quel est leur chiffre d'affaires et leur bénéfice ? Dans ce secteur d'activité, ces chiffres peuvent être difficiles à obtenir, car tous les loueurs ne sont pas répertoriés au registre du commerce.

Vous pouvez obtenir des informations très instructives en devenant client de ces futurs concurrents. Ces contacts peuvent également aboutir à des échanges, voire à une collaboration.

Dans le cas où vous projetez l'ouverture d'une table d'hôtes, si vous êtes entouré de plusieurs restaurants, cela s'avérera inutile. Il serait plus judicieux alors de collaborer avec eux et de vous apporter mutuellement des clients.

Il est intéressant enfin de connaître les zones encore sous-équipées en hébergements touristiques.

Vous pouvez compléter ces renseignements en vous rapprochant de l'INSEE, de la Chambre de commerce et d'industrie, du relais départemental de la Fédération nationale des gîtes de France, de l'Observatoire national du tourisme, de la Fédération des parcs naturels régionaux et de la TRAME (Centre de ressources et de développement agricole au service du monde de l'agriculture).

p. 162

Vous pouvez également trouver des informations très enrichissantes dans le guide des acteurs locaux, à consulter sur internet.

Crédit local France
www.clf.fr

Vous pouvez dès à présent **préciser votre projet :**

Avez-vous des arguments objectifs vous permettant d'expliquer pourquoi vos concurrents ont une activité rentable (ou déficitaire) ?

Pensez-vous vous placer en concurrent direct (même cible) ou indirect ?

Comment pensez-vous prendre des parts de marché à vos concurrents ?

La clientèle

Votre étude doit vous permettre de vérifier que les clients escomptés existent réellement ; il y a des besoins identifiés à satisfaire, actuellement ces besoins sont peu ou mal satisfaits ; ces futurs clients sont suffisamment nombreux, on peut les atteindre sans difficulté et ils ont un pouvoir d'achat suffisant.

p. 81

Vous devez pouvoir mesurer les potentialités de cette demande (futurs clients) en hypothèses de chiffre d'affaires, et par conséquent fixer vos tarifs.

Des critères de choix essentiels

Vous vous apercevrez en feuilletant les guides de gîtes et chambres d'hôtes, qu'en plus de la description du gîte, un certain nombre de points sont mentionnés. Ces mentions ne sont pas anecdotiques mais intéressent réellement le client potentiel qui en tiendra compte dans son choix :

Il est conseillé aux propriétaires de proposer des prix qui incluent le coût de toutes les prestations (nuitée et petit déjeuner) car la facturation de services supplémentaires est mal perçue par la clientèle. Au-delà de trois nuitées pour les chambres d'hôtes, le loueur peut éventuellement prévoir des réductions.

- L'accès aux handicapés ainsi que l'accueil des bébés.
- L'accueil des animaux de compagnie (ou non).
- La distance de certains lieux tels que la gare la plus proche, les commerces, un golf, une piscine, une base nautique.
- La capacité totale du gîte.
- L'accès à une piscine privée.
- Les différentes langues parlées.

Vous comprendrez ainsi quels sont les critères qui, dans le cas de votre maison, sont susceptibles d'attirer ou non la clientèle. Mais cela ne doit pas vous contraindre à accepter certains sacrifices. Si, par exemple, vous ne souhaitez pas recevoir les animaux des autres, ce choix est tout à fait légitime, et peut également plaire à une catégorie de clientèle qui n'apprécie pas particulièrement la compagnie des chiens et chats.

Vous vous apercevrez rapidement que ce que veulent les touristes c'est une jolie demeure isolée dans un paysage magnifique, tout près de toutes les commodités : TGV, autoroutes, commerces... et aussi des chemins de randonnée.

Une niche ?

Vous pouvez cibler une clientèle particulière, ce que l'on nomme une niche. Ce sont par exemple les handicapés en fauteuil roulant, les enfants surdoués, les amateurs de yoga ou de golf, les personnes transplantées, les étudiants européens, les écologistes, les spéléologues, les astronomes, les diabétiques... et la liste peut être longue. Sans enfermer toutes ces personnes dans des catégories, certains ont, et c'est dommage, des difficultés à trouver un lieu de vacances adapté à leurs besoins et où ils vont se sentir bien. Vous êtes certainement sensibilisé aux attentes de certains d'entre eux.

Vos recherches devront alors s'orienter vers une meilleure connaissance de leurs besoins, pour adapter votre maison ou vos activités. Vous devrez également découvrir les moyens de les atteindre, des associations, pour l'essentiel.

Des pôles d'attraction

Vous pouvez poursuivre l'observation de votre clientèle potentielle en situant les pôles d'attraction existant autour de votre habitat.

Ainsi vous découvrirez votre public. Les amateurs de votre région auront besoin de se loger, il faut les connaître pour les satisfaire.

Ces pôles d'attraction sont essentiellement touristiques :

Vous pouvez mettre à disposition de vos clients des VTT, ou leur louer pour une modique somme, si la région se prête à ce type de randonnée.

→ Le patrimoine culturel : les musées, les salles d'exposition, les monuments historiques, et le patrimoine architectural plus généralement. Quelle est la fréquentation de ces lieux ? Le calendrier des manifestations culturelles ?

→ Le patrimoine naturel : les lacs, les rivières, la montagne et les activités qui s'y rapportent.
Renseignez-vous sur les itinéraires de chemins de randonnées pédestres ou équestres, les lieux de pêche, les actvités de canyoning ou de parapente. Certains sites permettent une plus grande période de location, comme la montagne qui attire les skieurs l'hiver, et les randonneurs l'été.

→ Les golfs, les aérodromes… Tâchez d'en connaître la fréquentation et laissez-y votre carte de visite (ou une affichette publicitaire).

→ Les restaurants : vous pouvez également vous faire connaître auprès de ces établissements afin qu'ils vous recommandent auprès de leur clientèle et que vous en fassiez de même.

→ Les salles de réception : lors des mariages par exemple, les familles ont besoin de se loger. Un partenariat avec les propriétaires de ces salles peut être judicieux.

→ Si vous vous situez près d'une station balnéaire, d'une station thermale ou d'une station de ski, renseignez-vous sur les dates de périodes pleines et de périodes creuses.

Certains de ces pôles d'attraction peuvent n'avoir aucun effet sur le volume de votre chiffre d'affaires, tandis que d'autres contribueront à remplir vos chambres d'hôtes une bonne partie de l'année, cela dépendra alors de vos choix de niveau de qualité, de votre capacité d'accueil, de vos prestations, etc.

Il est également possible que vous deveniez vous-même un pôle d'attraction, car les activités que vous proposez attirent d'autres touristes et font ainsi vivre la région.

L'ensemble de ces investigations vous permettra également de fournir un meilleur accueil à votre clientèle.

Ainsi vous pouvez les renseigner sur les manifestations culturelles ou sportives prévues dans la ville, etc.

Vous pouvez laisser à disposition de la clientèle des prospectus touristiques ou autres, et avoir une décoration thématique.

Pour un complément d'information

Vous pouvez enfin compléter votre information auprès d'organismes tels que :

→ l'INSEE (Institut national de la statistique et des études économiques) ou une direction régionale de l'INSEE qui publie des statistiques de toutes sortes ;

→ les services économiques des collectivités territoriales ;

→ le secrétariat d'État au tourisme ;

→ l'Observatoire national du tourisme ;

→ la Fédération des parcs naturels régionaux ;

→ les « conseillers du tourisme » de la Chambre de commerce et d'industrie qui apportent une aide utile pour démarrer l'activité et pour tout problème d'implantation, de gestion, de modernisation ou de commercialisation ;

- → la Fédération nationale des offices de tourisme et syndicats d'initiative ainsi que les offices de tourisme et syndicats d'initiative ;
- → le Comité départemental du tourisme ;
- → la Chambre d'agriculture ;
- → le CREDOC (Centre de recherche de documentation sur les conditions de vie) ;
- → la TRAME (Centre de ressources et de développement agricole au service du monde de l'agriculture).

Comme vous ne pouvez pas vous fier à votre seul instinct, rencontrer la clientèle potentielle vous permettra de valider vos convictions. Vous pouvez effectuer cette démarche dans les offices de tourisme par exemple, ou près de pôles d'attraction tels que des monuments très visités ou une base nautique.

Les réponses dirigées dans un questionnaire n'ont aucune valeur. Ces questions qui conduisent immanquablement l'interviewé à l'une des réponses, ne peuvent être objectives.

Testez au préalable vos questions sur votre entourage pour en mesurer la pertinence.

Sur la base d'un questionnaire, tentez de décripter les besoins de vos futurs clients en matière de logement de vacances, les difficultés qu'ils rencontrent dans leurs recherches, ce qui dirige leur choix vers un hébergement plus qu'un autre, etc.

Ce questionnaire doit être rapide, pour ne pas embarrasser vos interlocuteurs, et simple. Fixez-vous deux ou trois objectifs (le budget des consommateurs...). Préférez les questions à choix multiples (plusieurs réponses possibles) et fermées (la réponse est négative ou positive) ; vous pourrez ainsi mieux interpréter les réponses.

Des informations supplémentaires vous permettent d'argumenter vos choix :

Les pôles d'attraction drainant le plus de clientèle potentielle dans la région où vous vous installez :

Le type de clientèle visée :

Les prestations que vous souhaitez proposer :

Le chiffre d'affaires pourra-t-il être constant toute l'année, si non pourquoi ?

Les idées d'animation ou de décoration :

Les contacts que vous avez pu établir tout au long de vos investigations :

LA MÉTAIRIE

Véronique et Philippe Savouré
La Métairie
89130 Mézilles
03 86 45 42 02

C'est au cœur de la Puisaye que Véronique et Philippe Savouré ont créé une ferme pédagogique.

Fils d'agriculteurs, Philippe Savouré finit ses études par un BTS agricole, puis part en Afrique en coopération pendant deux ans. De retour en France, il reprend ses études et obtient une licence de biologie, un DEA de botanique tropicale et enfin un diplôme d'ingénieur agronome. Il reprend ensuite le chemin de l'Afrique avec sa femme, où il travaille en coopération avec des ONG (Organisations non gouvernementales) puis avec le ministère des Affaires étrangères. Déjà l'idée de la ferme pédagogique fait son chemin.

« De retour d'Afrique après plusieurs années passées en Guinée et au Zimbabwe, je voulais créer tout de suite mon entreprise, j'étais déterminé, quitte à échouer tout de suite. J'étais chômeur indemnisé, cela m'a permis de préparer le projet pendant un an. J'ai visité beaucoup de fermes pédagogiques pour voir ce qui se faisait (et les erreurs à ne pas commettre) mais aussi des fermes traditionnelles. J'ai suivi des stages de jeune agriculteur et une formation sur les fermes pédagogiques à la bergerie nationale de Rambouillet. Nous avons contacté le réseau TRAME qui centralise l'information sur le tourisme vert (statistiques, rentabilité du tourisme vert...). Je pense que ces démarches sont indispensables, il faut mettre tous les atouts de son côté et apprendre un nouveau métier.

Je suis ensuite parti à la recherche d'une ferme, en passant par différents réseaux (agences, particuliers, journaux...). Il faut utiliser toutes les sources possibles : les vieilles fermes bien situées sont rares.

C'est en décembre 1997 que nous avons trouvé la ferme de La Métairie, *au bout de six mois de recherche. Pour financer le projet il nous fallait environ 457 350 € et nous ne disposions que d'un tiers. Nous sommes alors partis à la recherche d'autres sources de financement. Du fait de la nature du projet (agricole, pédagogique...) nous avons eu droit à certaines aides publiques (comité de développement de la Puisaye, 106 714 €, conseil général, aide aux jeunes agriculteurs) mais aussi privées (la fondation Vivendi nous a subventionné pour 15 245 €). Nous avons ainsi obtenu environ 150 000 € d'aides diverses. Le reste a été complété par des emprunts. Pourquoi ces différents organismes nous ont-ils suivi ? Nous avions un apport conséquent, mais nous étions également déterminés et surtout nous avions un projet original ; "je ne vous aurais pas suivi si vous aviez voulu faire une ferme équestre, il y a trop de concurrence" nous a avoué notre banquier.*

> **« Nous avons obtenu environ 150 000 euros d'aides diverses. »**

Nous achetons la ferme en mai 1998, s'ensuit l'élaboration d'un budget prévisionnel (nous avons répertorié tous les coûts, toutes les hypothèses...) et les contacts avec l'administration. Et là ce fut un choc : je ne savais pas que c'était aussi compliqué de créer une entreprise (paperasserie interminable, administration hermétique...) ! Nous voulions dès le départ vivre de cette activité, nous n'avons donc pas voulu créer une association, nous voulions jouer franc jeu. J'ai opté pour le statut d'exploitant agricole indépendant. Ma femme reçoit pour l'instant une allocation parentale, le but étant de la salarier dès que nous le pourrons.

Ensuite, nous avons réalisé des travaux pendant près d'un an pour pouvoir ouvrir, en partie en juillet 1999, l'ouverture complète du site ayant eu lieu en décembre 1999.

Notre ferme a pour principal objectif de permettre aux enfants de renouer avec la nature et le monde agricole, de favoriser leur éveil aux sciences de la nature et de la vie.

Nous animons des classes de découverte à la journée ou à la semaine et des séjours de vacances.

*Nous proposons en outre un gîte d'étapes pour les randonneurs (*La Métairie *peut loger 28 enfants et trois chambres sont disponibles pour les encadrants). À cela s'ajoute une petite production agricole. »*

À La Métairie, *les enfants peuvent :*

- *découvrir les animaux de la ferme (moutons, chèvres, vaches, ânes, animaux de basse-cour) : les enfants participent aux soins des animaux (nourrissage, ramassage des œufs, paillage). Ils réalisent un travail d'enquête par petits groupes accompagnés d'un animateur sur des thèmes choisis (reproduction, alimentation...) ;*
- *apprendre les étapes de la transformation de la laine : tonte, lavage de la laine, cardage, teinture, filage, tissage... ;*
- *connaître les produits de la terre, leur culture, leur transformation : activités de jardinage, cueillette, repérage des différentes céréales... ;*
- *comprendre l'écosystème de la rivière : observation de la faune et de la flore, capture d'insectes, réalisation d'herbiers, fabrication d'un vivarium...*

« C'est une vieille ferme traditionnelle, avec de vrais élevages, ce n'est pas un zoo ! »

La Métairie *propose également la visite de fermes spécialisées et du patrimoine local (châteaux et musées à proximité, construction du château médiéval de Guédelon).*

La formation et l'expérience de Véronique et Philippe Savouré sont tout à fait adaptées à ce type de projet. En effet, Philippe, ingénieur agronome de formation, s'occupe des aspects techniques de l'exploitation ainsi que du volet pédagogique, en lien avec les animateurs.

Véronique, infirmière puéricultrice, prend en charge l'intendance et l'accueil des enfants.

« Le marché de la ferme pédagogique est national, les écoles viennent de la France entière. Mais il y a beaucoup de concurrents. Cette concurrence est

cependant atténuée par le fait que chaque ferme est différente, aucune ne proposant un produit standardisé. Nous avons misé sur l'authenticité avec une vieille ferme traditionnelle et de vrais élevages (ce n'est pas un zoo !). Je cultive également des terres... De plus, c'est toute la famille qui accueille les classes ; les gens sont véritablement dans une ferme, pas dans un parc d'attraction !

En Fance, les fermes pédagogiques se sont développées depuis le début des années 1990, répondant à une demande croissante des enseignants et à la nécessité pour les agriculteurs de diversifier leurs revenus. Nous sommes allés à la rencontre des directeurs d'école, d'institution (foyers de l'enfance, foyers de mères célibataires), et des inspecteurs académiques de Paris ou de la région parisienne. Tous sont très demandeurs de structures d'accueil avec hébergement dans un rayon de 200 km autour de leur commune. Or le département de l'Yonne ne possédait aucune ferme pédagogique avec hébergement. Nous souhaitons également travailler en partenariat avec de grands réseaux de l'éducation populaire. Des contacts ont été pris notamment avec la Fédération des œuvres laïques de l'Yonne qui s'engage à faire connaître La Métairie *dans son catalogue.*

Pour notre recherche de clientèle, nous avons réalisé une plaquette que nous avons envoyée aux offices de tourisme et autres organismes locaux, nous avons également sollicité la presse. D'autre part nous faisons partie du réseau "Gîtes de France". Et puis, si les gens sont contents, ils reviennent. Les gens viennent avant tout pour une certaine ambiance, un emplacement. Nous avons misé sur l'authenticité, il faut alors vivre cette authenticité, ne pas tenter de bluffer. Enfin, et c'est sûrement le plus important, il faut soigner l'accueil et mettre le client au centre du dispositif.

Le site est particulièrement propice à ce type d'activité, car la ferme de La Métairie *se trouve au cœur de la Puisaye, région à forte tradition agricole et à fort potentiel naturel et culturel. Toute la commune de Mézilles est inscrite à l'inventaire des monuments historiques.*

Le Conservatoire des sites naturels bourguignons a entrepris des actions de protection de la vallée qui présente des intérêts floristiques et faunistiques particuliers.

Pour ce qui est des fournisseurs, j'essaye de faire travailler les entreprises locales, et pour dénicher des meubles authentiques et pas trop chers, je passe des annonces sur radio France Auxerre et c'est très efficace. »

Votre *projet* se concrétise

4

VOUS CONNAISSEZ parfaitement l'environnement dans lequel vous souhaitez vous installer.

Il vous faut à présent vous intéresser plus particulièrement à votre habitat, outil essentiel de votre activité, et au matériel nécessaire.

Des erreurs d'appréciation sur ces points, comme un habitat trop cher ou mal placé, des investissements trop importants ou du matériel trop vétuste peuvent être fatales à votre entreprise.

L'habitat

Une maison de caractère

Peut-être possédez-vous déjà une maison dans laquelle vous avez choisi de développer l'activité de gîte rural et de chambre d'hôtes, ou alors avez-vous jeté votre dévolu sur une région et vous êtes en recherche du petit coin de paradis qui vous permettra l'accueil de touristes et de gens de passage.

La cour bétonnée et la maison en parpaings sont assez peu appréciées de la clientèle adepte du tourisme vert.

C'est dans un certain sens, tromper la clientèle que d'offrir ce type d'habitat.

p. 81

Malheureusement trop de « faux hôteliers », recherchant uniquement des bénéfices, louent, dans le confort indiscutable d'une maison très recente, une chambre qui ferait plus penser à une chambre d'hôtel qu'à une charmante chambre d'hôtes.

Rappelons que la vocation des gîtes et chambres d'hôtes est de conserver ou de réhabiliter le patrimoine.

Le choix de votre habitat dépendra de votre projet. Vous devez mesurer l'investissement possible en fonction des revenus que vous estimez pouvoir percevoir.

La qualité du logement est essentielle : la plupart du temps, l'hébergement se trouve dans un bâtiment de qualité, traditionnel ou de caractère, situé dans un environnement champêtre et dépaysant.

Votre activité attire une clientèle qui souhaite être dépaysée, par l'environnement, les paysages, mais aussi par votre maison et son charme ; elle sera peu sensible au béton et aux pavillons des années 50 à nos jours.

La Fédération nationale des gîtes de France a établi une liste des critères nécessaires pour obtenir une homologation. Il est conseillé de les respecter, même si vous n'adhérez pas à ce réseau.

La construction et l'environnement du **gîte rural** doivent présenter un caractère spécifiquement rural. Cela exclut donc les immeubles de plus de cinq logements et de plus de deux étages. Cependant, il est possible d'aménager un gîte dans une maison de village pourvu qu'elle soit indépendante.

Une **chambre d'hôtes** doit être située dans un habitat de qualité de préférence de caractère régional ; sont donc exclues les chambres situées dans des lotissements et dépourvues de jardin.

Où peut-elle se situer ?

S'il est vrai que certaines régions sont beaucoup plus touristiques que d'autres, la réussite de votre projet n'en dépendra que si vous misez uniquement sur cette situation. Autrement dit un projet réfléchi dans son ensemble comme vous l'avez vu dans les chapitres précédents, aura plus d'avenir, même si vous vous situez dans le nord de la France, qu'une installation précipitée sur la Côte d'Azur. Vous devez choisir un lieu qui vous plaise, à vous et à votre famille et bien délimiter votre zone de recherche.

Ne perdez pas de vue que vous vous adressez à des citadins peu habitués aux chemins de terre et aux commerces de proximité à 20 km ou plus.

Lorsque vous vous installez dans un village, ne pensez pas que la population n'attendait que vous. Au contraire, elle sera méfiante dans un premier temps.

Il est recommandé de ne pas avoir une maison trop isolée qui ne vous ferait pas bénéficier de la clientèle de passage. Choisissez de vous rapprocher d'un village ou d'un axe routier, sans être évidemment en bordure de la nationale !

La présence d'un plan d'eau ou d'une rivière est assez appréciée. Les bâtiments exceptionnels, tels que les pigeonniers, les moulins, les châteaux, ou les belles demeures, les manoirs, les presbytères, seront bien entendu attractifs.

Trouver la perle rare sera sans doute long, vous pouvez d'une part consulter les petites annonces telles que celles du magazine *Village,* mais aussi parcourir la campagne. En effet, il est possible de trouver de très beaux bâtiments laissés à l'abandon, s'ensuit alors une petite enquête pour en trouver les propriétaires, et enfin les persuader de vous vendre ce château pour quelques pièces ! Rencontrer le maire du village peut faire avancer les négociations.

Prenez garde aux nuisances sonores dans votre choix. Lorsque sonne, à six heures du matin, le clocher de l'église, les citadins en recherche de silence et de grasse matinée se réveillent de mauvaise humeur.

Vous pouvez également vous adresser aux notaires, très bien renseignés sur le patrimoine de leur région, sur ce qui est à vendre, ou sur ce qui peut le devenir... Adressez-vous à la Chambre des notaires de votre département.

Reste la SAFER (Société d'aménagement foncier et d'établissement rural) qui propose des biens immobiliers souvent assortis de terres agricoles. Vous devez, si l'un d'eux vous a séduit, déposer un dossier de candidature, et vous serez sélectionné, ou non, parmi d'autres postulants. Contactez la SAFER de votre région.

SAFER
www.safer.fr

Un autre organisme peut vous mettre en relation avec les communes souhaitant accueillir de nouveaux habitants : le SICLER, Sécrétariat d'information des collectivités locales et régionales.

SICLER, 114, avenue André-Maginot
BP 87332, 37073 Tours Cedex 02
02 47 51 14 91
www.sicler.com

Quelles précautions prendre ?

Comme il est fort possible que vous ayez à entreprendre des travaux, il vous faudra obtenir un permis de construire. Il est donc utile, avant de signer la promesse d'achat, de consulter le plan local d'urbanisme (PLU) en mairie, qui vous renseigne sur les possibilités d'aménagement, d'une part sur votre terrain, d'autre part sur les terrains voisins. Vous pouvez, pour plus de sécurité, rencontrer le maire du village et vous assurer qu'il acceptera de signer votre permis de construire.

Il est toujours intéressant de connaître les évolutions possibles de l'environnement dans lequel vous vous installez. Dans une situation extrême, vous pouvez avoir l'autoroute au bout de votre jardin dans dix ans. Comme cadre champêtre, on peut rêver mieux...

Dans le PLU est indiqué le COS (coefficient d'occupation des sols) attribué à votre terrain. Un calcul très simple vous permettra de connaître la surface habitable maximale qu'il vous est autorisé de construire.

p. 127

Une société civile immobilière (SCI)

Beaucoup d'entre vous vont être tentés de créer une société civile immobilière pour l'acquisition des bâtiments. Ce montage, qui présente de nombreux avantages, est généralement utilisé pour réaliser une opération de construction, pour gérer un patrimoine familial et le transmettre plus facilement, pour bénéficier de certains avantages fiscaux. S'agissant d'entreprises, il peut également être intéressant de séparer les immeubles de l'exploitation proprement dite afin de les protéger d'éventuelles poursuites des créanciers de l'entreprise. Ceux-ci ne pourront saisir l'immeuble directement, mais attention, la saisie des parts sociales reste possible. Prenez conseil auprès de votre notaire.

Protection de l'habitation principale des entrepreneurs individuels

Si vous êtes entrepreneur individuel, vous pouvez protéger votre habitation principale des poursuites des créanciers professionnels en effectuant une déclaration d'insaisissabilité devant notaire.

Celle-ci est publiée au bureau des Hypothèques et fait l'objet d'une mention sur le registre du commerce et des sociétés (RCS) si vous êtes commerçant ou d'une publication dans un journal d'annonces légales du département où l'activité professionnelle est exercée si vous êtes agriculteur.

Si l'habitation principale ainsi protégée est vendue ultérieurement, le prix de cession ne pourra pas être saisi par les créanciers professionnels, si vous employez cette somme d'argent à l'acquisition d'une nouvelle résidence principale dans le délai d'un an.

Il est également obligatoire, pour un commerçant marié sous le régime de la communauté légale ou universelle, d'apporter la preuve lors de sa demande d'immatriculation au registre du commerce et des sociétés que son conjoint a été informé des conséquences sur les biens communs des dettes contractées au titre de son activité indépendante.

Une attestation sur l'honneur de votre conjoint permettra de justifier du respect de cette obligation.

Aménagements et équipements

L'intérieur de l'habitation doit être en bon état d'hygiène et de propreté. Les abords des gîtes et des chambres seront aménagés dans un souci d'esthétique et de respect de l'environnement naturel du site. Préoccupés par la rentabilité, certains d'entre vous aménageront avec le strict minimum, en hésitant même à planter quelques fleurs. N'oubliez pas que l'accueil se caractérise en partie par une décoration intérieure chaleureuse et quelques arbustes fleuris embelliront l'accès à votre maison, sans nécessiter beaucoup plus de frais.

L'aménagement d'un gîte rural

Votre gîte doit être doté des aménagements suivants :

- → électricité, eau potable courante et chaude, moyen de chauffage,
- → sanitaires : WC, douche, lavabo ;
- → moyens permettant le lavage, séchage et le repassage du linge ;
- → cuisine comportant au minimum un meuble de rangement, un évier, un moyen de cuisson, un réfrigérateur, une table, des chaises et les ustensiles nécessaires ;
- → une ou plusieurs chambres indépendantes, avec un lit, un placard, au moins une chaise par occupant, une table de chevet avec commande d'éclairage et des volets ;
- → une salle commune meublée.

Si votre maison n'est pas alimentée par le réseau d'eau communal mais par une source, vous serez tenu de faire faire des tests certifiant que l'eau que vous servez est potable.

Pensez à l'accueil des bébés et des enfants en bas âge, en mettant à leur disposition des lits d'enfant, des chaises hautes, et quelques jouets...

L'aménagement d'une chambre d'hôtes

Si vous fabriquez vous-même vos lits superposés, vous devez le faire en vous conformant aux normes françaises. Cette mention (NF) doit être écrite dessus et visible.

Les murs et les sols doivent être en parfait état, et le logement doit être doté d'une isolation phonique, d'eau chaude et froide et d'un chauffage efficace.

La literie doit être impeccable, et comprendra pour deux personnes, un lit de 140 ou deux lits jumeaux de 90 et pour une personne, un lit de 90.

Équipement nécessaire suivant le niveau de qualité

	1 épi	2 épis	3 épis	4 épis
Surface de la chambre	12 m² pour deux personnes et 15 m² pour trois			18 m² pour deux
Sanitaires	Un lavabo dans la chambre, accès à un WC et une salle de bains jusqu'à six personnes – deux WC et deux salles de bains au-delà	Lavabo, douche ou baignoire privatifs pour chaque chambre. Un WC commun est accepté, un pour six personnes, deux au-delà	WC, lavabo, douche ou baignoire privatifs et communicant avec chaque chambre	

Source : Critères d'homologation de la Fédération nationale des gîtes de France, 2006.

Le mobilier doit comporter une penderie fournie de cintres, une étagère avec un tiroir de rangement, une table de chevet par personne, avec un éclairage accessible pour chaque place de couchage.

Les autres hébergements touristiques

Les gîtes d'étape et de groupe accueillent des groupes ponctuellement ou durant un séjour. Les aménagements nécessaires sont : une salle commune (si possible équipée d'une cheminée), un coin cuisine aménagé, des chambres ou des dortoirs (comptez environ 5 m² par lit), et des sanitaires (un lavabo pour trois personnes, une douche et un WC pour dix personnes).

Le confort de vos clients doit être primordial. Si vous souhaitez faire des économies de chauffage, assurez-vous que la température de la chambre de vos hôtes ait atteint 19°C.

Une autre attention peut leur faire passer une bonne nuit ; toute une panoplie de « repousse insectes » existe dans le commerce, pensez-y.

Les autres équipements

Encore une fois, ils dépendent du type d'hébergement que vous avez choisi d'offrir, mais pêle-mêle, un certain nombre de produits sont nécessaires, comme du linge de maison et des couvertures, du linge de toilette, des produits d'entretien et du papier hygiénique, des insecticides et des petits cadeaux de bienvenue. Vous devez en mesurer l'investissement pour chaque année.

Certains équipements peuvent être nécessaires, comme les VTT et autres équipements sportifs, des cannes à pêche, etc.

Il reste à concevoir la préenseigne, panneau routier, signalant votre présence, et indiquant le chemin de votre demeure.

p. 128

Les panneaux de signalisation, installés avec l'accord des services de l'Equipement (DDE - Direction départementale de l'Équipement), peuvent être commandés, en ce qui concerne le réseau des Gîtes de France auprès de la Fédération ou des relais départementaux. Les panneaux de taille ordinaire coûtent 72 à 104 € et les plus grands, 340 à 420 €.

Le macaron « Gîte de France » qui se pose sur la maison est vendu entre 30 et 40 €.

L'investissement de départ

La création d'un gîte ou d'une chambre d'hôtes implique souvent la réalisation de travaux d'aménagement, afin de mettre le logement en conformité avec les normes sanitaires et de sécurité.

> *Vous pouvez adapter l'aménagement de la maison à un entretien facile, sans pour autant oublier l'esthétisme. Par exemple, évitez la moquette à l'entrée, les traces de chaussures boueuses n'ont pas fini de vous faire frotter. Il existe des solutions de décoration murale tels que le glacis à l'ancienne, l'enduit ciré teinté, le lait de chaux, qui en plus d'être adaptées à l'architecture campagnarde ne laissent pas apparaître les traces de doigts, sont lavables et sont économiques. Sur ce dernier point il suffit d'être un peu débrouillard et de ne pas acheter les premiers produits venus du commerce.*
>
> p. 94

Il faut également prévoir l'achat de petits matériels électroménagers, et du mobilier comme la literie.

Le coût moyen des travaux varie selon votre objectif. Il faut cependant compter de 7 300 € à 130 000 € pour un gite rural labélisé *Gîte de France* avec parfois une subvention des collectivités locales. Le montant des subventions varient fortement d'un département à l'autre. Le montant moyen de la subvention est de 17 203 € pour un gîte rural.

Comptez environ 38 000 € pour une ferme auberge, de 15 000 € à 30 000 € pour un camping, et environ 42 000 € pour une maison d'hôtes comprenant en moyenne 2,9 chambres.

Les investissements seront variables selon le type d'accueil que vous souhaitez offrir. En effet, il est moins coûteux de créer un gîte d'étape avec des sanitaires communs, et des dortoirs, qu'un gîte de séjour, où les chambres remplaceront les dortoirs, et les sanitaires seront privatifs.

Votre projet prend ***forme***

Quel habitat avez-vous choisi, et quel en est son coût ?

Quels sont les travaux nécessaires en vue de l'ouverture de la première chambre ? (en termes de coût et de temps).

Vous commencez **à chiffrer** ***votre projet :***

Investissements prévus (liste et coûts)

TYPE D'INVESTISSEMENT	MONTANT

▷ Le personnel

Si votre projet devient une réelle entreprise de tourisme, vous allez pouvoir recruter du personnel, de l'accompagnateur de randonnées au moniteur de canyoning, en passant par l'accueil au sein de votre écomusée. Les postes à pourvoir sont aussi variés que vos projets sont innovants…

Gérer votre temps va vous paraître acrobatique à certaines périodes de l'année. Gérer du personnel ajoutera à la difficulté, certains facteurs étant difficilement prévisibles tels que la météo, qui peut en un clin d'œil vider votre maison ou la remplir.

Il s'avère qu'en général l'activité est saisonnière, vous recruterez par conséquent un personnel saisonnier.

Les diplômes que doivent posséder le personnel que vous recrutez sont en relation avec leurs responsabilités. Comme nous l'avons vu page 15, en ce qui concerne votre propre formation, si votre personnel doit encadrer des groupes d'enfants, accompagner des randonneurs, ou former des adultes au parapente, des brevets et certificats spécifiques sont nécessaires.

Vous êtes *à présent* en mesure **de répondre** ***très précisément*** à ces **cinq** dernières questions :

Quoi ? et Pourquoi ? Qu'est-ce que vous allez vendre ? (Pourquoi cela précisément et pas autre chose ?
Comment êtes-vous sûr de ce que vous avancez ?). Pas d'affirmation sans justification !

À qui ? Quels clients ? (Pourquoi ceux-là ? Qu'est-ce qui permet concrètement d'affirmer cela ?).

Comment ? Quel mode de fonctionnement et de vente ? (Pourquoi de cette façon et pas d'une autre ? Qu'est-ce qui permet de justifier cela ?).

Combien ? Quel niveau prévisionnel de ventes ? Qu'est-ce qui permet d'avancer un tel chiffre d'affaires prévisionnel ? Qu'est-ce qui permet de prouver qu'il est réaliste et sera atteint ?

p. 81

Où ? À quel endroit (implantation, emplacement) ? Comment justifier que cet endroit est le bon ?

LE DOMAINE DU HOUVRE

Le domaine du Houvre
La cour de France
Pierrefitte-en-Auge
14130 Pont-L'Évêque
02 31 65 01 00

Nuitée : 11 €/pers – Location d'un grand gîte (24 pers)
Possibilité de restauration sur place

À 17 ans, son bac en poche, Gérard Brision devient travailleur social. Quinze ans plus tard, il décide, parallèlement à son activité, de reprendre des études de sciences sociales et politiques, jusqu'à l'obtention d'un DESS. Depuis, il occupe un poste au sein de la DRAC (ministère de la Culture). Ses fonctions lui ont permis de parcourir les routes de France ; et un rêve d'enfant ne l'a jamais quitté : vivre à la campagne dans une ferme traditionnelle.

« Ce que je voulais, c'était un retour à la nature, à la terre, un peu dans la lignée de José Bové. Je voulais faire une ferme traditionnelle, comme il en existait de nombreuses avant la guerre : des bâtiments traditionnels, une petite agriculture biologique, plusieurs petits élevages… le tout dans un projet culturel et pédagogique. Je voulais vivre et entreprendre selon mes convictions. »

Gérard Brision crée alors une association avec sa femme avec l'objectif de mettre en place leur projet : « Nous pensions à ce projet depuis 1994. » « J'avais déjà monté plusieurs associations, j'avais donc une idée assez précise du monde de la création et des démarches à accomplir, et je voulais vraiment vivre autrement. J'avais une vraie volonté, une vraie détermination, et il faut en avoir si on veut se lancer car la création est un véritable parcours du combattant, il faut affronter des choses auxquelles on n'est pas toujours prêt. Sans motivation profonde on ne peut pas réussir. »

Il étudie tout d'abord le marché des fermes pédagogiques dans le sud-ouest *puis le nord-ouest. Il rencontre la concurrence pour voir les produits et les services qu'elle propose. « Cela me paraît indispensable, car il y a de nombreuses choses auxquelles on ne pense pas, par exemple dans le cas des classes vertes, il faut disposer d'une capacité d'hébergement d'au moins cinquante places ; les instituteurs, n'aimant pas être seuls, viennent toujours avec plusieurs classes. Et, si notre clientèle souhaite un retour à la nature, elle n'est pas prête pour autant à retourner au Moyen Âge : il lui faut un minimum de confort et de modernité. » Gérard Brision travaille également beaucoup avec les acteurs ruraux, qui lui sont de bon conseil.*

« Pour renouveler notre clientèle, nous faisons des mailings ciblés sur l'étranger. »

« Nous sommes ensuite partis à la recherche d'un terrain, qui reste un des principaux éléments de la réussite d'une activité touristique.

Nous avons cherché dans le Gers, puis dans le pays d'Auge (Calvados). Nous avions le choix entre plusieurs fermes, certaines bien situées mais assez chères, d'autres plus isolées et donc plus abordables. En 1995, après mûre réflexion nous avons décidé d'acheter un ancien corps de ferme, assez cher, avec beaucoup de travaux à la clef, mais la situation était exceptionnelle. Lorsque je suis arrivé ici la première fois, tout était envahi de broussailles, le domaine était inoccupé depuis quatre ans, mais ça a été le déclic. Il y avait tout dans ce lieu : les bâtiments traditionnels, la surface de terrain avec 26 ha, des ruisseaux et des arbres. J'ai très vite constaté que le site est en plus bien placé. Il est très proche des grands axes et à proximité d'autres lieux de loisirs (proche de l'autoroute et de la route nationale Rouen-Caen, proche de la côte avec Deauville à dix minutes, Honfleur à quinze minutes, un plan d'eau (baignade, planche à voile) et un golf à proximité…). Avec du recul nous ne regrettons pas du tout ce choix, car pour pouvoir attirer une clientèle, il faut être près de différents centres d'activité et des voies de communication. Un lieu de passage permet d'attirer les curieux qui, souvent, sont séduits par notre offre. »

« Il nous fallait environ 533 500 €, nous ne disposions que de 45 700 €, il a donc fallu recourir à d'autres sources de financement. Fonctionnaire, je ne pouvais pas être chef d'entreprise, le choix de l'association s'est alors révélé judicieux. En effet notre projet ayant un aspect culturel et éducatif, nous pouvions avoir toute une panoplie d'aides publiques, et le fait d'être une association nous permettait d'avoir davantage d'aides qu'une entreprise pour le même projet. Nous avons donc obtenu 182 900 € de subventions. Nous disposions alors de 228 600 € de quasi-fonds propres, ce qui nous a permis de convaincre plus facilement les banques de nous suivre. »

« Disposant enfin des fonds et des bâtiments, nous avons commencé les travaux en 1997. Nous avons tout refait de façon traditionnelle. Mais nous avons aussi investi pour le confort de nos gîtes, c'est sûrement l'alliance du confort moderne et du cadre traditionnel et naturel qui a fait leur succès. Nous réalisons la moitié des travaux nous-mêmes, soutenus par nos deux filles, et nous faisons appel à des professionnels pour l'autre moitié. Bien que je connaisse les normes d'hygiène et de sécurité, je confie cette tâche à un maître d'œuvre plus compétent que moi dans ce domaine. Il ne faut pas hésiter à s'adresser à des compétences extérieures, on ne peut jamais tout connaître ; il en est de même pour la gestion, j'ai un expert-comptable, et cela me paraît indispensable. »

« Un cadre traditionnel et le confort moderne ont fait le succès de nos gîtes. »

« Nous avons créé une société civile immobilière (SCI) qui est propriétaire des bâtiments et qui a confié la gestion d'une partie de l'exploitation à notre association (agréée éducation populaire) que je préside. C'est un bon

choix car l'association me permet de diriger l'affaire et la SCI nous offre l'assurance de rester propriétaires des murs si le projet échoue. »

« Nous avons donc mis en place notre projet, créé deux grands gîtes de 24 lits chacun, un plus petit de 11 lits et une salle de réception. » Les bâtiments sont rénovés, « la basse-cour, l'agriculteur, les animaux de ferme et toute une équipe sont prêts à recevoir des groupes et des familles… ».
Le domaine du Houvre *a ouvert dès l'été 1998, la grande salle accueillant dès le début des banquets, des mariages… Elle a permis d'apporter une des premières ressources financières de l'association.*

À l'ouverture, Catherine et Gérard Brision ciblaient une clientèle scolaire ; il s'avère que la clientèle est essentiellement composée de groupes qui utilisent la salle de réception pour des mariages, des banquets ou des communions. « Cette clientèle nous a permis et nous permet toujours d'assurer la rentabilité du projet, la clientèle scolaire étant plus difficile à attirer. Cependant cette année, nous commençons à voir le produit de nos efforts, nous accueillons de plus en plus de classes vertes ce qui est indispensable pour tourner pendant la semaine tout en conservant la clientèle du week-end. »

« Il faut soigner l'accueil et l'ambiance : les clients ne reviennent que s'ils sont satisfaits. Cela n'empêche pas de les relancer de temps en temps (vœux, journées portes ouvertes…). Pour renouveler notre clientèle nous faisons des mailings ciblés sur l'étranger (Angleterre, Pays-Bas, Allemagne), nous participons à certains salons, nous appartenons au réseau des Gîtes de France qui, il faut le dire, fonctionne très bien, nous allons lancer notre site Internet, et, enfin, nous ne négligeons pas le bon vieux bouche à oreille qui reste un des vecteurs de communication les plus efficaces. Il ne faut pas non plus hésiter à apprendre les langues étrangères (l'anglais avant tout !). En restant à l'écoute des gens, on voit les choses qui ne vont pas ou les nouveaux services à proposer. Nous avons choisi une région sans concurrence sur notre type d'offre, mais il faut cependant rester vigilant, il faut toujours se tenir au courant. Nous

sommes, pour cela, présents aux différents événements concernant les fermes pédagogiques pour glaner de nouvelles idées, s'informer des nouvelles tendances. »

« Nous avons réalisé 25 900 € de chiffre d'affaires en 1998, 61 000 € en 1999, pour un rythme de croisière qui tournerait autour de 228 600 €. Nous avons très peu de fournisseurs et tournons avec une marge brute de 95 %, les principaux frais étant les remboursements d'emprunt et les amortissements. Nous jouons aujourd'hui la carte de la proximité, autrement le projet serait voué à l'échec. Cela a été une de mes erreurs de ne pas avoir noué de contacts plus tôt avec la population locale. J'ai compris qu'il était impératif d'être bien intégré dans le tissu économique local. Pourquoi ? C'est simple : si vous allez chez le coiffeur du coin, si vous allez boire votre café au bistrot du village, ceux-ci vont plus facilement parler de vous autour d'eux ou conseiller votre adresse aux touristes de passage. »

« Il est impératif d'être bien intégré dans le tissu économique local. »

« Nous avons créé trois emplois grâce aux emplois jeunes. Nous faisons également travailler un fermier indépendant qui s'occupe de l'exploitation agricole (biologique !). Mais je pense qu'il ne faut pas avoir de charges salariales avant d'avoir des ressources régulières. »

Votre **projet** en quelques *chiffres* 5

LES DEUX CHAPITRES PRÉCÉDENTS vous ont permis d'analyser un certain nombre de paramètres que vous avez déjà en partie chiffrés.

À présent, nous vous proposons de rassembler toutes ces données afin de répondre aux cinq questions de la page 91. Pour vous aider, vous trouverez dans les pages qui vont suivre des indicateurs tels que le seuil de rentabilité, le compte de résultat prévisionnel. Chacun de ces outils a été illustré par un exemple.

Dans un deuxième temps vous trouverez des solutions au financement de votre projet.

Des outils

Quelques notions indispensables

Les charges d'exploitation

Elles se répartissent entre les charges fixes et les charges variables. Les premières sont incompressibles et existeront quel que soit votre chiffre d'affaires. Les secondes varieront en fonction du nombre de nuitées et d'activités que vous facturerez.

Les charges de personnel extérieur peuvent être des charges variables si vous ne faites appel à ces personnes que lorsque vous avez des clients. Par exemple, une femme de ménage peut venir nettoyer votre gîte après le départ de vos hôtes.
Si au contraire cette même employée vient deux heures, chaque semaine, toute l'année, les frais occasionnés par son salaire et les charges sociales sont alors des charges fixes.

Les charges fixes sont :

→ Le remboursement d'emprunt lié à l'achat de votre maison.

→ Le coût de fonctionnement du logement (eau, électricité, taxe d'habitation, entretien et réparations…) qui devront être couverts par les revenus.

→ L'assurance multirisque habitation.

→ Les charges de personnel extérieur éventuellement.

→ Le coût de promotion de l'hébergement comme les annonces dans les journaux, le livret de présentation de l'hébergement, l'adhésion dans les offices de tourisme, la cotisation d'adhésion à un réseau.

Les charges variables, peu importantes, sont :

→ Les frais de petits déjeuners.

→ Le blanchissage, et l'entretien courant.

→ Les commissions payées aux services de réservation des réseaux.

Le chiffre d'affaires prévisionnel (CA_P)

CA_P = le nombre de chambres ou de gîtes × tarif appliqué × le nombre de jours par an de commercialisation envisageable.

Il est donc nécessaire d'évaluer les tarifs que vous allez appliquer selon le calendrier (basse, moyenne et haute saison), mais également d'estimer le nombre de semaines de commercialisation sur l'année.

Le seuil de rentabilité ou point mort

Ces deux notions semblables équivalent au nombre de nuitées que vous devez vendre pour couvrir les charges.

Ce seuil représente donc le niveau d'activité qui permet, grâce à la marge réalisée (différence entre le niveau de ventes et les charges variables découlant implicitement de ce chiffre d'affaires) d'avoir les moyens de payer toutes les autres charges de l'exercice, c'est-à-dire les charges fixes.

Nous vous proposons d'illustrer le calcul suivant par un exemple que vous trouverez en marge :

→ Répartissez l'ensemble des charges de l'exercice en deux catégories, les charges fixes (coût du local, salaires, charges sociales, assurances…) et les charges variables qui découlent directement du niveau des ventes (approvisionnement, blanchisserie…).

Les chiffres que nous vous présentons dans cet exemple sont fictifs. Les charges fixes sur une année : remboursement de crédit (7 500 €), charges sociales (1 100 €), assurances (760 €), gaz/électricité/téléphone (1 830 €), taxe d'habitation (760 €), entretien réparation (3 050 €), rémunération (9 150 €), soit un total de 24 150 € environ.

Les charges variables sur une année : blanchisserie, entretien (150 €), petits déjeuners (5 chambres louées pendant 16 semaines peuvent vous faire servir 900 petits déjeuners ! : 1 370 €) soit un total de 1 520 €.

Chiffre d'affaires prévisionnel : (16 semaines) un gîte : 4 580 € et 5 chambres, 21 350 €. À cela s'ajoutent des randonnées pédestres (2 290 €).

Marge sur coûts variables : 28 220 € - 1 520 € = 26 700 €

Taux de marge = 26 700 € × 100 / 28 220 € = 94,6 %

Seuil de rentabilité = 24 150 € /94,6 % = 25 529 €

Dans cet exemple on estime la durée d'activité à 16 semaines, le chiffre d'affaires par jour durant ces 112 jours est de (28 220 / 112) soit 252 €. Vous arrivez à votre seuil de rentabilité au bout de (25 529 / 252) 101 jours.

Vous devez connaître à ce stade, l'objectif de votre projet. Est-ce que vous souhaitez en vivre ou est-ce simplement un moyen de financer vos travaux d'amélioration de l'habitat ? Dans le premier cas vous devez inclure vos revenus comme charges fixes dans le calcul du seuil de rentabilité, dans le second c'est inutile.

→ Calculez la marge sur coûts variables qui est égale au montant prévisionnel des ventes, diminué des charges variables entraînées automatiquement par ces ventes.

→ Traduisez ce pourcentage en chiffre d'affaires afin d'obtenir le taux de marge :

$$\text{TAUX DE MARGE} = \frac{\text{MARGE SUR COÛTS VARIABLES} \times 100}{\text{CA}}$$

→ Divisez le montant des charges fixes par ce taux, vous obtenez le seuil de rentabilité : autrement dit le montant de chiffre d'affaires qui permettra de payer toutes les charges fixes.

Vous pouvez observer que lorsque vous augmentez les charges fixes, le seuil de rentabilité augmente ; lorsque vous augmentez les charges variables, le taux de marge diminue, et le seuil de rentabilité augmente.

Dès que les ventes dépasseront le point mort, l'entreprise commencera à dégager des bénéfices.

Vous pouvez à présent traduire le seuil de rentabilité en nombre de nuitées, ou en chiffre d'affaires à réaliser par jour.

Votre calcul peut vous permettre de réfléchir aux questions suivantes :

→ Est-ce que vos charges fixes (comme la rémunération que vous vous attribuez, ou le remboursement d'emprunt) ne sont pas trop importantes ?

→ Est-ce que vos charges variables ne sont pas trop élevées ?

→ Est-ce que vos tarifs sont suffisamment importants ?

→ Est-ce que la période d'activité est assez longue pour réaliser des bénéfices ?

→ Est-ce que vous ne devez pas offrir des prestations supplémentaires ?

→ Est-ce qu'il ne vous est pas possible d'avoir une autre activité rémunérée durant la période creuse ?

Dans l'exemple de la page précédente, si l'on supprime vos revenus et charges sociales des charges fixes, nous arrivons à un seuil de rentabilité de 14 693 €, que nous atteignons en 58 jours.

Le besoin en fonds de roulement (BFR)

C'est le montant d'argent utilisé en permanence, tant dans l'achat et la détention du stock dont l'entreprise a besoin tout le temps pour fonctionner correctement, que dans les délais de paiement que l'on va être obligé d'accorder aux clients. Cette somme peut subir des variations en fonction des facilités de paiement consenties en permanence par les fournisseurs (comme les fournisseurs de matériaux pour l'aménagement, les fermes voisines pour vos produits frais, le fabricant de matériel sportif…) d'une part et de celles accordées à vos clients d'autre part.

Rares sont les délais de paiement accordés aux clients dans ce type d'activité, vous avez même régulièrement des acomptes de réservation.

Ce chiffre peut être exprimé en francs ou en jours de chiffre d'affaires HT.

BFR =	Encours moyen de stock HT	+	Encours moyen du crédit au client TTC	–	Encours moyen du crédit des fournisseurs TTC

Le plan de financement initial

Vous avez à présent tous les éléments pour établir un plan de financement initial dont la structure est la suivante :

Structure du plan de financement initial

	Montant HT		Montant HT
Travaux		Apports personnels	
Chauffage, plomberie, maçonnerie…		Primes, subventions	
Aménagements extérieurs…		Emprunt à moyen ou long terme	
Équipements			
Équipement salle d'eau et salle de bains (sanitaires, plomberie…)			
Équipement cuisine (plaque de cuisson, réfrigérateur, vaisselle…)			
Penderies, étagères, cintres…			
Tables, chaises…, éclairage, literie, linge de maison, décoration			
VTT, et autre matériel de sport, cannes à pêche…			
Besoin en fonds de roulement			
Total		**Total**	

Les totaux des deux colonnes doivent être égaux. Les besoins financiers durables doivent être couverts par des ressources financières de même nature. Il faut savoir que les primes et subventions obtenues lors d'une création d'entreprise, sont versées plusieurs mois après le début d'activité, il est donc dangereux de prévoir d'utiliser cette ressource pour financer les biens nécessaires à l'activité.

La ferme pédagogique de *La Métairie* a eu un projet complet regroupant une activité agricole et une activité d'accueil. Des capitaux ont été nécessaires à l'achat de la maison d'habitation (125 800 €) et aux investissements liés tant à l'activité agricole (70 700 €) qu'à l'activité économique (311 200 €). Ce dernier poste est important car il comporte notamment de gros travaux de rénovation et de construction.

Monsieur Savouré a pu équilibrer son plan de financement par un apport personnel conséquent (187 200 €), un prêt bancaire (161 200 €) et des subventions (159 400 €). Ces subventions lui ont été attribuées essentiellement par le conseil régional et le conseil général, mais aussi par la Fondation Vivendi.

Le plan de financement à trois ans

Sur le même principe que le plan de financement initial, vous pouvez élaborer un plan de financement à trois ans qui reprendra le contenu du plan de financement initial pour l'année N. Vous y incorporerez les éléments nouveaux survenus au cours de l'exercice comme la capacité d'autofinancement (CAF) qui est égale au bénéfice après impôt auquel s'ajoute la dotation aux amortissements de l'exercice.

Ne vous lancez pas dans des investissements inconsidérés que vous rentabiliserez sur un trop grand nombre d'années.

Il est nécessaire, la première année que les ressources soient supérieures aux besoins.

Pour les années N+1 et N+2, vous ne devez porter dans ce tableau, que les éléments afférents à ces exercices.

Structure du plan de financement à trois mois

Besoins (durables)	N	N+1	N+2	Ressources (durables)	N	N+	N+2
Frais d'établissement				Apports personnels			
Programme d'investissement HT				Primes, subventions			
BFR				Capacité d'autofinancement			
Augmentation du BFR							
remboursement annuel des emprunts à terme				Emprunt à moyen ou long terme			
prélèvement exploitant (si entreprise individuelle)							
dividendes distribués (si sociétés)							
Total				Total			

Le compte de résultat prévisionnel sur trois ans

Le compte de résultat retrace l'activité durant un exercice (une année civile, si l'exercice débute au 1er janvier).

Le compte de résultat prévisionnel est donc une estimation de cette activité, dans le cas présent, sur trois ans.

Compte de résultat prévisionnel sur trois ans

Charges			
	1re année	2e année	3e année
Charges d'exploitation			
Achats marchandises			
Variation stocks de marchandises			
Achats matériel et équipements			
Gaz / Electricité			
Carburant			
Fournitures d'entretien			
Fournitures administratives			
Décoration			
Crédit-bail mobilier			
Locations outillage			
Entretien réparation biens immobiliers			
Entr. rép. mat. et outil. / Mat. transport			
Blanchisserie			
Primes d'assurances			
Documentation			
Honoraires			
Publicité			
Voyage et déplacement / Réceptions			
Affranchissement			
Téléphone			
Frais divers			
Autres frais de gestion			
Taxe d'apprentissage			
Taxes diverses			
Salaires Appointements			
Cotisations URSSAF / retraite / ASSEDIC / ...			
Charges financières			
Intérêt des emprunts / découverts / ...			
Total I			
Capacité d'autofinancement			
Dotation aux amortissements et aux provisions			
Charges exceptionnelles			
Impôt sur les bénéfices			
Total II			
Total Charges (I + II)			
Solde créditeur : Bénéfice			
Total général			

Compte de résultat prévisionnel sur trois ans (suite)

Produits			
	1re année	2e année	3e année
Produits d'exploitation Ventes			
Commissions			
Subventions d'exploitation			
Autres produits			
Produits financiers			
Total I			
Produits exceptionnels			
Total II			
Total Produits (I + II)			
Solde débiteur : Déficit			
Total général			

Vous allez d'une part énumérer l'ensemble des dépenses, appelées charges, dans la partie gauche, et d'autre part, dans la partie droite, lister vos recettes, appelées produits. Tous les montants sont à porter hors taxes (sauf en cas de non-assujettissement à la TVA).

La différence entre les charges et les produits donne un résultat négatif ou positif, appelé selon le cas, déficit ou bénéfice.

À titre d'exemple, nous pouvons reprendre quelques chiffres significatifs extraits des comptes de résultat du gîte d'étapes de Tuzé qui réalise 14 500 € de recettes. Le remboursement d'emprunt s'élève à 7 000 €, les impôts à 1 500 €. Cette activité dégagera 2 400 € de bénéfices.

Le plan de trésorerie

C'est un tableau qui présente tous les décaissements et tous les encaissements prévus au cours de la première année, en les ventilant mois par mois, dans douze colonnes.

Portez chaque entrée et sortie de fonds (TTC pour les opérations assujetties à la TVA) dans la colonne du mois où elle doit normalement se produire. Déterminez ensuite le solde de trésorerie du mois et un solde de trésorerie cumulé d'un mois sur l'autre, de manière à savoir par rapport aux prévisions d'activité si tout ce qu'il y aura à payer pourra l'être sans problème grâce aux disponibilités du moment.

Votre plan de trésorerie est tout d'abord prévisionnel (colonne PRE) ; chaque mois, lorsque vous connaîtrez les sommes effectivement encaissées ou décaissées, vous les porterez dans la colonne REA (réalisé), et en conclurez un écart, colonne ECA.

Structure du plan de trésorerie

	Janvier			Février			Mars			...
	PRE	REA	ECA	PRE	REA	ECA	PRE	REA	ECA	...
Solde en début de mois										...
Encaissements : d'exploitation (ventes encaissées) hors exploitation (apport en capital, emprunts contractés, cessions d'immobilisation)										...
Total										...
Décaissements : d'exploitation (paiement fournitures, eau, téléphone, impôts et taxes, charges de personnel, charges financières, etc.) hors exploitation (remboursement emprunts, investissements)										...
Total										...

Vous pouvez ***à présent*** **répondre aux questions** suivantes :

Combien de capitaux devez-vous mettre en œuvre pour le projet et pouvez-vous les réunir ? (plan de financement).

Votre projet est-il viable ? (compte de résultat prévisionnel sur trois ans).

Risquez-vous de vous trouver en cessation de paiement au cours des premiers mois d'activité à cause de trop de décalage entre recettes et dépenses ? (plan de trésorerie).

Quel montant minimal de ventes faut-il impérativement atteindre au cours de la première année pour pouvoir au moins payer toutes les charges de l'exercice ? (le point mort).

La structure financière de l'entreprise restera-t-elle solide pendant les trois premières années ?

Un financement adapté

Trouver un financement devient possible lorsque votre dossier est clair, réaliste et documenté. Dans le cas de chambres d'hôtes et gîtes ruraux, si vous êtes déjà propriétaire de votre habitation, cela devrait faciliter votre recherche de capitaux. Autrement, il est vivement conseillé d'avoir un apport assez conséquent d'au moins 30 % afin de limiter les charges.

Vous devez convaincre votre interlocuteur que votre projet est viable. L'étude que vous avez menée vous permettra d'avoir des arguments. Mais quel financement choisir ? Vous pouvez obtenir des informations auprès des organismes que nous avons listés pour vous, ci-après.

Obtenir un label peut être un premier argument de persuasion pour obtenir un financement.

Les aides spécifiques du secteur

Vous pouvez dans un premier temps contacter le Comité départemental du tourisme qui vous informera de l'ensemble des dispositions auxquelles vous pouvez prétendre dans votre département. Vous serez également conseillé quant à votre projet.

Mais une remarque d'Annick Cristin du mas Saint Avit *peut être à méditer. « Les aides de l'État sont faibles et contraignent à appartenir au réseau des Gîtes de France », qui, selon elle, empêche de « faire à sa guise ».*

Les principales subventions sont émises par les conseils généraux des départements. Elles varient d'un département à l'autre. Les conseils généraux peuvent décider d'accorder la priorité à un type de produit sur leur département : gîtes ou chambres d'hôtes par exemple. Ils peuvent choisir de subventionner des hébergements à partir d'un certain degré de classement ou de confort. Les subventions s'élèvent globalement à 30 % du montant hors taxes des travaux.

Les subventions à la création

	Gîte rural	Chambre d'hôtes
Coût moyen de création	58 400 €	41 992 €*
Montant moyen de la subvention	18 100 €	11 000 €
% de créations subventionnées	43 %	33 %

* Le chiffre indiqué s'entend par structure comprenant en moyenne 2,9 chambres d'hôtes.

Source : Fédération nationale des gîtes de France, *La contribution des Gîtes de France à l'économie touristique,* 2005.

D'autres subventions peuvent venir également de l'échelon régional en complément (ou à la place) des subventions de votre département. Comment obtenir une aide du conseil général ou du conseil régional ?

→ Le projet doit être préparé par le créateur avec l'aide obligatoire d'une antenne départementale de la Fédération nationale des gîtes de France, et doit avoir été agréé par celle-ci. En contrepartie, la centrale de réservation du département gérera les locations pendant trois à dix ans. C'est cette antenne qui présente le dossier de demande d'aide, et cela, avant le début des travaux.

→ Les travaux susceptibles d'être subventionnés sont les suivants : charpente, couverture, chauffage, électricité, équipements sanitaires, maçonnerie, menuiseries extérieures et intérieures, peintures et revêtements muraux, aménagements extérieurs et travaux divers.

- Le montant de la subvention éventuelle varie en fonction de la politique de développement de la région ou du département, c'est un pourcentage ou une fraction de l'investissement prévu. Cette subvention est versée sur présentation des factures établies par un entrepreneur, un artisan ou par le propriétaire lui-même, pour les travaux qu'il a efffectués.
- Dans certaines régions, des aides issues de programmes européens peuvent être demandées. S'adresser au SGAR (secrétariat général aux affaires régionales) où à la Préfecture de région.

Comme la subvention est allouée sur présentation des factures des travaux, il peut s'écouler plusieurs mois, voire plusieurs années avant que vous l'ayez sur votre compte.

Aux problèmes de financement, la solution peut être de monter le projet avec d'autres personnes, donc, d'autres capitaux.

Vous pouvez également vous rapprocher du Réseau habitat et développement qui vous informera sur les différentes dispositions dont vous pouvez bénéficier, telle que la prime à l'amélioration de l'habitat (PAH). Cette prime est destinée à améliorer le confort de votre habitation principale, à réaliser des travaux permettant l'accès aux handicapés...

Fédération Nationale Habitat et Développement
27, rue de La Rochefoucauld, 75009 Paris
01 45 26 69 66
www.habitat-developpement.tm.fr

La NEF, Nouvelle économie fraternelle, est une banque alternative dont la vocation est de soutenir des projets orientés notamment vers l'agriculture biodynamique et biologique, la pédagogie, l'art, la culture, l'environnement...

La NEF, 114, boulevard du 11 Novembre 1918
69626 Villeurbanne Cedex
04 72 69 08 60 - www.lanef.com

Les aides destinées aux agriculteurs

L'ADASEA (ARASEA pour l'Île-de-France sauf la Seine-et-Marne), Association départementale d'aménagement des structures d'exploitation agricole, est l'intermédiaire départemental par lequel doit passer un agriculteur pour faire la demande des aides suivantes :

- Le PAM (le plan d'amélioration matérielle), est un prêt bonifié destiné à financer tous les types de travaux d'aménagement y compris ceux destinés à un gîte rural ou à une chambre d'hôtes.
- Vous pouvez également vous rapprocher de la Chambre d'agriculture pour obtenir d'autres aides éventuelles.

Et les autres financements...

L'apport personnel du créateur est indispensable dans un projet pour :

- inspirer confiance aux tiers lors d'une demande de financement,
- autofinancer les besoins durables que les banques écartent : les frais d'établissement, les investissements incorporels, une part des investissements corporels, et le besoin en fonds de roulement.

Outre les banques, il existe un certains nombre d'organismes, de fondations, d'associations, de clubs d'investisseurs, dont la vocation est de subventionner, de parrainer, ou de cautionner des projets de création d'entreprise mais aussi d'offrir des prêts à taux zéro ou de participer au capital de ces sociétés qui démarrent.

Il est important de choisir un financement adapté à votre projet, et pour cela vous pouvez vous rapprocher des organismes suivants :

→ Les collectivités locales, les plates-formes d'initiatives locales, l'association Entreprendre en France qui proposent notamment des prêts d'honneur, des primes et des subventions.

France Initiative Réseau
55, rue des Francs Bourgeois, 75181 Paris Cedex 04
01 40 64 10 20
www.fir.asso.fr
Association Entreprendre en France
www.entreprendre-en-France.fr

→ L'ADIE (Association pour le droit à l'initiative économique), la Fondation Raoul Follereau (FRF), les Cigales (Clubs d'investisseurs pour une gestion alternative et locale de l'épargne).

ADIE, 4, boulevard Poissonnière, 75009 Paris
01 56 03 59 00
www.adie.org
FRF, BP 79, 75722 Paris Cedex 15
01 53 68 98 98
ruralite@raoul-follereau.org
Fédération des Cigales, 61, rue Victor-Hugo, 93500 Pantin
01 49 91 90 91
www.cigales.asso.fr

→ Les banques commerciales.

LA FONTINELLE

Nicole et Jean-Claude Morin
La Fontinelle – 07150 BESSAS
04 75 38 65 69

Dix gîtes entre 180 € et 770 €
la semaine suivant la taille et la période

www.gites-la-fontinelle.com

Situé sur la commune de Bessas, un petit village pittoresque et ensoleillé de la basse Ardèche, La Fontinelle est un ensemble de dix pavillons neufs construits à flanc de coteaux parmi les chênes et les oliviers.

« J'avais envie d'une vie de saisonnier, d'une vie cool à la campagne. »

« Originaire des Hautes-Pyrénées, j'ai arrêté les études au début de la première et j'ai commencé à faire des petits boulots. Cette situation a duré deux ans ; j'ai ensuite passé des concours administratifs et je suis entré à La Poste en tant que conseiller financier, à Paris, en 1977. C'est en 1985 que je rencontre mon épouse, qui est ardéchoise, puis mes beaux-parents. À cette occasion, je découvre aussi une région qui me plaît. Mes beaux-parents possèdent un terrain avec une vue fantastique, je rêve depuis longtemps de créer une entreprise dans le tourisme, et la fonction publique ne me convient plus : trois bonnes raisons qui font qu'en 1989 nous décidons de partir. »

« J'en avais marre de travailler à La Poste, j'avais un vieux rêve de camping, d'une vie de saisonnier (on travaille six mois et on a six mois de vacances), d'une vie « cool » à la campagne. Mais il a bien fallu que je me rende à l'évidence : aujourd'hui, oui, la vie me paraît plus agréable mais c'est loin d'être des vacances ! En saison on travaille presque vingt heures par jour, de la préparation du petit déjeuner à la buvette le soir. Hors saison, c'est aussi loin d'être les six mois de vacances attendus : il faut faire des travaux, la maintenance, et

tout ce qu'on n'a pas eu le temps de faire pendant la saison (comptabilité...). Mais je ne regrette rien, je me fais plaisir en travaillant et j'éprouve une grande satisfaction personnelle en voyant le chemin parcouru. »

Un tour d'horizon de l'offre touristique ardéchoise permet à Jean-Claude Morin de concrétiser son projet : il est séduit par le concept des gîtes qui semblent peu nombreux par rapport aux demandes.

Son beau-père, entrepreneur dans le bâtiment, se joint à son projet ambitieux de bâtir douze gîtes.

« Les gens du coin nous prenaient pour des fous. »

« Les gens du coin nous prenaient pour des fous, personne ne croyait au projet. « Qui viendrait passer ses vacances ici ? » disaient-ils. Jean-Claude et son beau-père entreprennent pourtant la construction de trois gîtes dans le style « maison traditionnelle », Nicole s'occupant de l'aménagement.

L'ouverture en 1990 leur donne raison : ils affichent complet en juillet et août et louent également à quelques vacanciers en juin et septembre.
Le chiffre d'affaires atteint est alors de 6 342 €. Ils décident de construire un quatrième gîte. L'année 1991 offre de meilleurs résultats encore. Ils poursuivent leur projet avec la construction de deux autres gîtes et de leur maison, dans laquelle une réception, et une buvette avec terrasse sont prévues, ainsi que l'aménagement d'un petit camping de douze emplacements. En 1995, ils dotent le site d'une piscine, puis d'un nouveau gîte par an, ce qui porte le nombre à dix dont les surfaces sont comprises entre 45 et 70 m^2. Le chiffre d'affaires de 1998 est de 28 660 € et celui de 1999, de 36 283 €. Malgré un projet ambitieux, Jean-Claude Morin pense ne pas avoir vu assez grand : « Ça a été une de mes erreurs et je vois aujourd'hui les limites de la piscine, de la buvette... »

« Nous avons opté pour une SCI associée à une SARL, c'était la formule qui offrait le plus de garanties au niveau personnel. La SCI nous offrait *une certaine sécurité, nous pouvions rester propriétaires en cas de faillite, et la SARL nous permettait d'être couverts à titre personnel. Je conseillerais cette solution à tout nouveau gîte. »*

« Notre politique commerciale ? Nous sommes passés par les offices de tourisme, mais également par les journaux spécialisés (Bertrand, Pap…).

Aujourd'hui, avec une association de villages de gîtes nous créons un site Internet : www.villages-de-gites.com… et nous cherchons toujours à nous faire connaître en participant à des salons. » Si en effet une concurrence existe, Jean-Claude Morin estime que les touristes viennent chez lui pour y trouver une autre ambiance car *« nous sommes tous différents. Il faut tout simplement savoir se démarquer. Le sens de l'accueil est primordial, il faut être à l'écoute des gens, organiser des activités… »*

« Remplir les gîtes l'été, ce n'est pas compliqué, mais pour attirer les clients hors saison il faut savoir fidéliser. »

Nos clients viennent « profiter de ce site très calme et évoluer dans une ambiance familiale et conviviale tout en profitant des principaux sites touristiques : gorges de l'Ardèche, du Chassezac, de la Cèze, bois de Païolive, grottes et avens, défilé de Ruoms, châteaux, musées, vieux villages. »

« Au départ nous visions une clientèle familiale avec de jeunes enfants et c'est effectivement celle que nous avons. À partir de l'adolescence, les enfants s'ennuient un peu à la campagne. Mais pour fidéliser cette clientèle, il faut offrir un petit plus. Nous favorisons le contact en organisant des activités (concours de boules, sorties VTT…). Il faut également être toujours disponible, qu'il y ait une ambiance de vacances ; chez nous le tutoiement est généralisé, les clients deviennent de vrais amis. Nous avons de petites attentions, par exemple, nous préparons des pochettes avec les prospectus de

toutes les activités touristiques de la région, nous envoyons également des mailings et des cartes de vœux à tous nos clients, histoire de nous rappeler à leur bon souvenir. Remplir les gîtes l'été, ce n'est pas très compliqué, mais pour attirer les clients hors saison, il faut compter sur les habitués. Nous affichons un taux de 70 % d'habitués alors que la moyenne est à environ 40 % ! »

Quelle *forme* juridique choisir ? 6

CHOISIR UNE FORME JURIDIQUE adaptée est une décision importante. Nous vous exposons dans ces pages les différentes formes juridiques qu'il vous est possible d'utiliser dans le tourisme vert, que vous proposiez ou non d'autres prestations à l'activité d'hébergement.

Ne sont naturellement pas concernés par ce chapitre les loueurs « non professionnels » (*cf.* « Quelles démarches entreprendre »).

p. 116

Chacune des formes juridiques proposées présentent des avantages et des inconvénients. Mais l'une d'entre elles est sans doute plus appropriée à votre projet.

Tout créateur d'entreprise, quelle que soit l'activité envisagée, qui aborde l'étude juridique de son projet, a le choix entre créer une

Avec qui souhaitez-vous vous installer ? avec votre conjoint ? avec des amis ? seul ?...

Quels sont vos fonds propres ? Avez-vous prévu des investissements importants ?

Quel niveau de chiffre d'affaires envisagez-vous ? Voulez-vous avoir une petite structure facile à gérer ?

C'est en répondant à ces questions qu'il vous sera possible de faire le choix de la forme juridique adaptée à votre projet.

entreprise individuelle ou une société. Cette distinction fonde les règles applicables tout au long de la vie de l'entreprise : règles fiscales, sociales…

S'il choisit la société ou l'association, le créateur donne naissance à une « personne morale » totalement distincte de lui-même.

S'il décide de créer une entreprise individuelle (on parle aussi d'entreprise en nom propre) il lui suffit de s'immatriculer en tant que personne physique.

Il vous est fortement conseillé de vous rapprocher d'organismes compétents dans le domaine de la création d'entreprise, de votre Chambre de commerce et d'industrie ou de juristes qui vous aideront à faire le bon choix.

▷ L'entreprise individuelle

Grâce à la loi pour l'initiative économique, vous pouvez protéger votre habitation principale des poursuites des créanciers, en effectuant une déclaration d'insaisissabilité devant notaire.

Cette forme juridique est conseillée lorsque les risques de l'activité sont peu importants et les investissements limités. Si par exemple vous n'ouvrez que quelques chambres d'hôtes, et ajoutez la table d'hôtes, cette forme juridique est tout à fait recommandée.

Ses caractéristiques sont les suivantes :

→ L'entrepreneur individuel est seul, il est dirigeant de son entreprise, et lui seul prend les décisions.

→ Sa constitution et son mode de fonctionnement sont simples.

→ Il n'existe pas de notion de capital, aussi l'entrepreneur individuel est responsable sur ses biens personnels.

→ La transmission de l'entreprise peut se faire par cession du fonds ou de la clientèle, par apport de l'entreprise à la société (dans le cas où vous souhaitez changer de forme juridique et créer une SARL), ou par location-gérance.

→ Les bénéfices réalisés par l'entrepreneur individuel sont soumis à l'impôt sur le revenu (IR) dans la catégorie des bénéfices industriels et commerciaux (BIC).

→ Sa rémunération est confondue avec les bénéfices.

→ Le régime social de l'entrepreneur est celui des travailleurs indépendants, et par conséquent, des non-salariés.

▷ La société

La constitution d'une société, plus complexe que celle d'une entreprise individuelle, sera plus appropriée si vos investissements sont plus conséquents, d'une part, et que les risques de l'activité sont plus importants, d'autre part. Ce sera le cas, par exemple, d'un groupe d'amis (ou d'une personne seule qui recrute du personnel) qui souhaite monter une structure comportant plusieurs gîtes, des activités sportives et l'organisation de stages sur toute l'année.

Plusieurs solutions s'offrent alors à vous : la SARL, l'EURL, la SA ou la SCOP.

La SARL (Société à responsabilité limitée)

- Elle est constituée par un minimum de deux associés et un maximum de cent. Le gérant (ils peuvent être plusieurs) peut être l'un des associés ou une tierce personne ; il est nommé dans les statuts ou en assemblée générale ordinaire. Il prend seul les décisions de gestion courante ; si celles-ci dépassent ses pouvoirs, elles sont prises en assemblée générale ordinaire. Les décisions modifiant les statuts sont prises en assemblée générale extraordinaire.

- Le capital social est librement fixé par les associés en fonction de la taille du projet ou des besoins en capitaux de l'entreprise.Aucun minimum n'est requis. Le capital social est constitué d'apports en espèces ou d'apports en nature… ou des deux à la fois.

  Les apports en espèces peuvent ne pas être versés intégralement lors de la constitution de la SARL. Les associés ont la possibilité de ne libérer que 20 % de leur montant. Le solde doit impérativement être libéré dans les 5 ans.

  Les apports en nature doivent, quant à eux, être libérés intégralement lors de la constitution de la société.

  La responsabilité des associés est limitée aux apports (sauf faute de gestion ou cautions personnelles). Si le capital social n'est libéré que pour partie lors de la constitution de la SARL, l'engagement des associés porte toutefois sur le montant du capital souscrit et non uniquement sur la partie libérée.

- La transmission de l'entreprise se fait par cession de parts.

- Le régime fiscal de l'entreprise est l'impôt sur les sociétés (IS). Les revenus du gérant sont déduits du bénéfice imposable, ce qui n'est pas le cas en entreprise individuelle.

→ Les gérants, qu'ils soient minoritaires ou majoritaires, relèvent du même régime fiscal que les salariés.

→ Le régime social du dirigeant : le gérant minoritaire relève du régime des salariés, excepté pour les ASSEDIC et les dispositions du droit du travail. Le gérant majoritaire relève du régime des non-salariés (il est majoritaire si lui, son conjoint, ses enfants mineurs non émancipés, et, le cas échéant, les autres cogérants, possèdent plus de la moitié du capital).
Les autres associés, s'ils ont un contrat de travail, sont salariés.

L'EURL (Entreprise unipersonnelle à responsabilité limitée)

C'est une SARL à associé unique. Elle est soumise aux mêmes règles, exceptés les aménagements suivants rendus nécessaires par la présence d'un seul associé.

Afin d'encourager le recours à cette forme de société, plusieurs dispositions récentes ont été prises pour faciliter sa constitution et son mode de fonctionnement. Notamment, le capital social est maintenant librement fixé par l'associé unique et un décret proposera prochainement un modèle de statuts type d'EURL gérée par l'associé unique.

→ Elle est constituée d'un seul associé. Le gérant peut être l'associé unique ou un tiers ; il est nommé dans les statuts ou par décision de l'associé unique.

→ Les bénéfices réalisés sont soumis à l'impôt sur le revenu (IR), dans la catégorie des bénéfices industriels et commerciaux (BIC) ; ils se confondent alors avec les revenus de l'entrepreneur. Mais il est possible d'opter pour l'impôt sur les sociétés (IS), les revenus du gérant sont alors déduits du bénéfice imposable. Attention, une fois cette option formulée, il est impossible de revenir à l'IR.

- Le régime social : si le gérant est l'associé unique, son régime social est celui des travailleurs indépendants ; si le gérant est un tiers, il relève du régime des salariés, excepté pour les ASSEDIC et les dispositions du droit du travail.

La SCOP (Société coopérative de production)

- Une SCOP est une société commerciale de type SARL ou SA, dont les associés ont souhaité se placer sur un strict pied d'égalité.

> *Une SCOP SARL peut être composée de 2 à 100 associés, alors qu'une SCOP SA doit compter au moins 7 actionnaires.*

- On distingue les « coopérateurs » qui sont les associés salariés de l'entreprise, des « investisseurs » qui ne travaillent pas dans l'entreprise et ne peuvent être majoritaires. Tout nouvel embauché peut devenir associé s'il le souhaite selon les modalités fixées dans les statuts. Les dirigeants élus par les associés-salariés pratiquent un management participatif qui implique chaque salarié. Dans les assemblées générales, chaque associé-salarié a le même pouvoir : un associé représente une voix.

Le capital est variable, il peut augmenter ou diminuer sans aucune formalité d'enregistrement :

- Pour une SARL, il doit être intégralement libéré lors de la constitution de la société. Il doit être composé d'au moins 2 parts d'une valeur unitaire minimale de 15,24 €.
- Pour une SCOP SA, il ne peut être inférieur à 18 500 €.
- Les bénéfices réalisés par la société sont soumis à l'impôt sur les sociétés.

→ Le régime social : tous les associés coopérateurs, y compris les dirigeants, ont la qualité de salarié (y compris au regard des ASSEDIC).

▷ L'association

Cette forme juridique est très utilisée dans certains domaines (sportifs, religieux, culturels, philanthropiques). Elle convient aux personnes qui désirent se regrouper dans un but autre que le partage des bénéfices.

→ Elle est constituée de deux membres au minimum et n'a pas l'obligation de constituer un capital.

→ Si, en principe, rien n'interdit à l'association d'accomplir des actes lucratifs ou de commerce, la réalisation de bénéfices est possible mais ne doit pas être le but premier de l'association.

→ Les associations à but non lucratif ne sont pas imposables, sauf si le caractère lucratif est démontré. Les critères d'appréciation de l'administration sont :
  - la gestion désintéressée de l'association,
  - l'absence de concurrence au secteur commercial,
  - l'utilisation de la règle des « 4 P »,

qui consiste à comparer les points suivants (et cela par ordre d'importance) avec ce qui est proposé dans le secteur marchand : le Produit proposé par l'association, le Public visé, les Prix qu'elle pratique et enfin la Publicité qu'elle effectue.

Pour savoir si l'association est à but lucratif ou non, interrogez la Direction départementale des services fiscaux. Pour se prononcer, l'administration fiscale vous demandera de remplir un questionnaire disponible sur : www.associationmodeemploi.fr

Si l'association reconnue à but lucratif réalise des recettes commerciales accessoires, celles-ci ne seront pas soumises à l'impôt si elles sont inférieures à 60 000 € par an.

→ Si l'activité principale de l'association s'avère lucrative, celle-ci est imposable au titre de l'impôt sur les sociétés, de la TVA et de la taxe professionnelle.

LES CHALETS DE MARGERIDE

Les Chalets de Margeride
Jean-Pierre Durand
Chassagnes
48200 Blavignac

www.chalets-margeride.com
04 66 42 56 00

21 chalets de 255 € à 628 €
par semaine selon la saison

« Après mes études secondaires, je suis entré à La Poste en 1973, où j'occupe encore un poste à mi-temps. En 1990, j'obtiens une mutation en Lozère. J'avais toujours eu le rêve de créer un village de gîtes, et la Lozère était un endroit idéal pour faire du tourisme vert. Malheureusement, le département était enclavé, il n'y avait pas de grandes voies de communication, j'ai donc remis mon projet à plus tard. Puis vers 1995, à ma grande joie, on a construit l'A75, ce qui nous permet d'être à quatre heures de Paris et à deux heures de Montpellier. Mon projet devenait donc intéressant. »

« J'ai monté un premier dossier que j'ai envoyé au conseil général de Lozère. Celui-ci l'a refusé mais m'a offert une étude de marché réalisée par un cabinet privé. J'ai donc monté un second dossier, avec l'étude de marché complète, qui, cette fois a été accepté. » Monsieur Durand constate qu'il est important de rencontrer, avant de commencer, tous les partenaires, publics ou privés, afin de gagner du temps et de ne pas faire certaines erreurs. « Il m'a fallu trois ans pour obtenir toutes les autorisations ! » se souvient-il.

« Pendant ce temps, un voisin, avait lui, monté un hôtel qui n'a pas marché. il s'est alors intéressé à mon projet et nous nous sommes associés. Avec du recul, ça a été une très bonne chose. Tout d'abord parce que nous sommes complémentaires, il s'occupe de tout ce qui est gestion et commercial, je suis en charge de toute la partie technique. Ensuite, si je ne m'étais pas associé, j'aurais dû recruter du personnel, ce

qui m'aurait coûté très cher par rapport au revenu dégagé.

Je disposais d'un terrain de 50 hectares avec une vue magnifique. Ce parc a l'avantage de ne pas être près de terrains agricoles, les touristes ne sont donc pas dérangés, et d'être situé à proximité immédiate de l'autoroute. C'est très important, les clients veulent bien rouler plusieurs heures sur l'autoroute, mais dès qu'ils en sortent, il faut que le site soit facilement et rapidement accessible, ils ne veulent pas tourner une heure avant de trouver.

« Il m'a fallu trois ans pour obtenir toutes les autorisations ! »

Nous avons donc décidé de mettre en place un village de chalets et nous avons monté une SARL pour pouvoir nous associer. Nous visions une clientèle de familles avec de jeunes enfants, cadres moyens et supérieurs. Nous avons fait appel à différents fabricants de chalets et après avoir fait notre choix, nous avons opté pour l'achat en leasing. Ce sont vingt et un chalets de 34 m² chacun comprenant séjour-cuisine, deux chambres, une salle d'eau et des WC, ainsi qu'une terrasse.

Les travaux devaient finir juste avant la première saison (en juillet 1998). Entre-temps, nous devions attirer notre clientèle. Nous avons envoyé des plaquettes à différents comités d'entreprise, nous nous sommes affiliés au réseau Gîtes de France et nous avons monté un site Internet. » Sur leur site, Monsieur Durand et son associé mettent en valeur le patrimoine naturel et architectural ainsi que l'offre de loisirs de la région. *« Avoir un site Internet est indispensable, c'est la seule façon d'attirer des clients hors saison quand vous n'avez pas encore d'habitués.*

Nous manquions également de connaissances en gestion, nous avons alors suivi des cours auprès de l'ACE, organisme d'aide à la création d'entreprise pour les salariés de La Poste. Cet organisme nous accompagne toujours et nous avons fait appel, d'autre part, à un expert-comptable.

Nous avons réalisé 152 450 € de chiffre d'affaires la première année, ce qui est plutôt encourageant. Ce succès a deux causes : tout d'abord, nous sommes le seul village privé du département, nous nous efforçons donc d'offrir un meilleur service, nous sommes à l'écoute de nos clients, nous soignons l'accueil, le terrain doit toujours être impeccable, nous essayons d'être le plus professionnel possible et, par exemple, de ne pas négliger les réglementations. Le terrain a également beaucoup compté, l'endroit est très calme et dispose d'une piscine.

Si c'était à refaire, je recommencerais sans hésiter ! Mais il faut être conscient du travail et des sacrifices que cela demande. Il faut vraiment être déterminé et bien penser son projet au départ. »

Quelles **démarches entreprendre ?**

UNE MULTITUDE DE DÉMARCHES sont à entreprendre durant les mois qui précèdent et ceux qui suivent l'ouverture de votre gîte ou de vos chambres d'hôtes. Bien que contraignantes et fastidieuses, elles sont indispensables. Négliger l'une d'entre elles vous pénaliserait un jour ou l'autre avec plus ou moins d'incidence sur la viabilité de votre entreprise. Ce répertoire a pour objectif d'éviter qu'une de ces démarches ne vous échappe.

▷ Les démarches liées à la création d'entreprise en général

La particularité de ce type d'activité est qu'elle peut être exercée de deux manières :

- soit à titre « non professionnel », dans le cadre de la gestion de votre patrimoine immobilier : aucune immatriculation n'est dans ce cas requise ;
- soit à titre « professionnel » si vous en faites votre profession habituelle. Vous devez dans ce cas demander votre immatriculation au registre du commerce et des sociétés, en qualité de « loueur en meublé professionnel ».

En pratique : en l'absence de critères juridiques clairement établis sur cette notion « d'exercice professionnel », il est généralement fait référence au seuil de recettes utilisé en matière fiscale. En effet, vous serez considéré **fiscalement** comme loueur professionnel si :

- vous réalisez un chiffre d'affaires annuel supérieur à 23 000 € ou représentant plus de 50 % de votre revenu global ;
- et vous êtes inscrit au registre du commerce et des sociétés.

La déclaration d'existence

Si vous souhaitez faire de cette activité votre profession, vous devez vous inscrire au CFE (centre de formalités des entreprises) qui se situe à la chambre de commerce et d'industrie de votre département. Le CFE va se charger de signaler votre activité notamment à l'administration fiscale, au greffe du tribunal de commerce, à l'Insee, à l'Urssaf, à l'inspection du travail et aux caisses sociales.

L'Insee va vous attribuer un numéro de siret et un code NAF. Ce code NAF dépend de l'objet de l'entreprise ; assurez-vous que le bon code vous a été attribué. Une erreur pourrait avoir des conséquences d'interprétation ultérieures de la part de l'administration fiscale ou des services sociaux ; par exemple, la convention collective dont vous dépendez est fonction de ce numéro.

Si vous êtes étranger, (c'est-à-dire non ressortissant d'un état membre de l'Espace économique européen, de l'OCDE, de la République populaire d'Algérie, de la Vallée d'Andorre, de la Principauté de Monaco, ou non titulaire d'une carte de résident) vous devez solliciter une autorisation préalable à la préfecture du département où vous souhaitez vous installer.

Codes NAF susceptibles de vous concerner

Autres hébergements touristiques (chambres d'hôtes, gîtes ruraux)	55.2 E
Location d'autres biens immobiliers (salle de réception…)	70.2 C
Autres enseignements	80.4 D
Autres activités sportives	92.6 C
Culture	01.1
Élevage	01.2
Culture et élevage associés	01.3

Dans le cas où votre activité ne s'arrête pas à l'hébergement mais est complétée par de l'agriculture biologique, et des stages de théâtre, par exemple, la notion de code NAF est très importante. En effet l'Insee vous attribuera le code NAF correspondant à la première activité décrite sur votre déclaration d'existence. Ce qui signifie que si vous avez noté en premier l'hébergement, vous serez contraint d'utiliser la convention collective de cette activité lorsque vous emploierez du personnel. Et en cas d'accident du travail lié à l'agriculture par exemple, vous ne bénéficierez pas de l'indemnité de cette profession.

Les associations doivent déclarer leur existence à la préfecture, et au centre des impôts (dans le cas où l'activité est lucrative).

Les organismes sociaux

> *En 2006, la CANAM et les caisses de retraites des commerçants (ORGANIC) et des artisans (CANCAVA) ont fusionné pour donner naissance à un organisme unique : le Régime social des indépendants (RSI).*
>
> *Pour plus d'informations sur le RSI : www.le-rsi.fr*

Le chef d'entreprise individuelle ou gérant majoritaire de SARL et EURL entre dans la catégorie des non-salariés et doit donc être affilié obligatoirement aux caisses sociales suivantes :

→ Le régime social des indépendants (RSI) pour l'assurance maladie-maternité, l'assurance vieillesse de base, la retraite complémentaire et l'invalidité-décès.

www.le-rsi.fr

→ L'Urssaf pour les allocations familiales.

www.urssaf.fr

▷ De A à Z, règlements en tout genre du tourisme vert

A comme Affichage

Vous avez l'obligation d'afficher vos tarifs dans les chambres, à la réception et également à l'extérieur du bâtiment.

Vous devez, si vous avez des lits superposés, afficher un avertissement à vos clients : « Le couchage en hauteur ne convient pas aux enfants de moins de six ans. »

Vous êtes également tenu d'afficher vos diplômes d'animateur ou d'éducateur sportif, ou du moins de laisser la possibilité à vos clients d'en prendre connaissance.

A comme Assurances

Le propriétaire d'un hébergement doit informer son assureur de l'objet de la location saisonnière et des activités complémentaires proposées (loisirs). Toutes les dégradations provoquées par le locataire (incendie, dégâts des eaux…) relèvent des risques locatifs à sa charge, celui-ci peut couvrir sa responsabilité en contractant une assurance « villégiature ». Cependant, le propriétaire peut demander à son propre assureur une clause d'abandon de recours afin que celui-ci couvre les dégâts sans se retourner contre le locataire. Si l'hébergement comporte des particularités telles qu'une piscine ou l'accueil d'enfants, des clauses d'assurances particulières seront à prévoir. Si vous proposez l'activité table d'hôtes, il est utile de se prémunir contre les intoxications alimentaires éventuelles.

Vous imaginez aisément les conséquences que peut entraîner une assurance qui n'est pas adaptée à votre activité. Soyez donc très vigilant et imaginez le pire en lisant votre contrat, vous n'en serez que plus tranquillisé ensuite.

Vous pourrez obtenir des renseignements auprès du Centre de documentation et d'information sur l'assurance.

Centre de documentation de la Fédération française
des sociétés d'assurance (FFSA)
26, boulevard Haussmann, 75311 Paris Cedex 09
01 42 47 90 00
www.ffsa.fr

B comme compte Bancaire ou postal

Vous devez obligatoirement ouvrir un compte professionnel pour l'exercice de votre activité. Si vous créez une société, vous utiliserez ce compte pour déposer vos apports en numéraire.

> *Les loueurs non professionnels n'ont bien entendu pas l'obligation d'ouvrir un compte professionnel. Mais nous vous conseillons d'avoir un compte sur lequel vous n'effectuerez que les opérations liées directement à cette activité : travaux, entretien, recettes...*

C comme Change

Si vous souhaitez accepter le change, vous devez obtenir l'autorisation d'une banque. Vous avez alors l'obligation d'afficher les cours. Le taux de commission généralement utilisé est de 3 %.

D comme Déclaration préalable

L'article 21 de la loi relative à la réforme du tourisme, parue au JO du 15 avril 2006, donne une définition juridique aux chambres d'hôtes.

Il est créé dans le Code du tourisme un article L. 324-3 : « les chambres d'hôtes sont des chambres meublées situées chez l'habitant en vue d'accueillir des touristes, à titre onéreux, pour une ou plusieurs nuitées, assorties de prestations. »

L'article L. 324-4 établit un principe de déclaration préalable de l'exploitant de chambres d'hôtes auprès du maire du lieu d'habitation.

Un décret doit préciser les conditions d'application de cette définition et de cette déclaration.

D comme Diplômes

L'exercice de la profession n'exige aucun diplôme.

Cependant certaines prestations complémentaires nécessitent certificats ou diplômes, notamment toutes les animations d'activités sportives, ainsi que l'encadrement d'enfants (quel que soit leur âge).

p. 15

Vous pouvez également contacter le ministère de la Jeunesse, des Sports et de la Vie associative.

95, avenue de France
75013 Paris
01 40 45 90 00
www.jeunesse-sports.gouv.fr

E comme Enfants

Si vous projetez de créer un gîte d'enfants, vous devez obtenir un agrément. Adressez-vous, pour cela, à la DDASS (Direction départementale des affaires sanitaires et sociales) ou à la DDJS (Direction départementale de la jeunesse et des sports).

Le propriétaire doit également posséder l'attestation de formation aux premiers secours (AFPS), et si 5 enfants au moins sont accueillis le Brevet d'aptitude à la fonction d'animateur (BAFA) est requis pour le propriétaire ou l'animateur.

F comme Facture

Vous êtes tenu de délivrer une facture à vos clients si le montant total de la prestation est égal ou supérieur à 15,24 € TTC, ou si le client le demande. Elle doit comporter certaines mentions indispensables :

→ vos nom et adresse ;

→ le nom du client, sauf opposition de sa part ;

- la date de la rédaction de la note et celles du séjour ;

- le détail des prestations vendues (hébergements, repas, location de VTT...), ainsi que leur nombre et leur prix unitaire ;
- le total de la facture, dont vous faites ressortir la TVA, si elle existe.

G comme Guides

Figurer dans les guides touristiques : *Le Guide du Routard* aux éditions Hachette, *Le Guide de charme : maisons d'hôtes de charme en France* aux éditions Rivages, *Petit futé*, *Le guide des Châteaux et Hôtels de France, Le guide GÉO* aux éditions Gallimard/GÉO... est une bonne carte de visite, et le principal moyen de vous faire connaître. Vous pouvez les contacter en leur envoyant un petit dossier de présentation, ils viendront visiter votre hébergement, sans doute à l'improviste.

H comme Handicapés

Afin de connaître les normes pour l'accès aux handicapés et peut-être des solutions astucieuses adaptées à votre projet, vous pouvez contacter : l'APF, Association des paralysés de France.

APF, 17, boulevard Auguste-Blanqui, 75013 Paris
01 40 78 69 00

J comme Jeunesse et sport

Si vous souhaitez accueillir des groupes d'enfants, vous devez obtenir un agrément auprès du ministère de la Jeunesse et des Sports. Il sera également nécessaire de se renseigner sur la réglementation auprès des services de la DDASS (Direction départementale des affaires sanitaires et sociales) et de la DDJS (Direction départementale de la jeunesse et des sports).

C'est également auprès de ce ministère que vous trouverez tous les renseignements utiles à la création d'activités sportives.

Direction départementale de la jeunesse
et des sports
95, avenue de France 75013 Paris
01 40 45 90 00
www.jeunesse-sports.gouv.fr

L comme Label

Il est fortement conseillé de faire homologuer votre gîte rural ou votre chambre d'hôtes auprès d'organismes spécialisés. Cela vous permettra d'utiliser un certain nombre de leurs outils de commercialisation. Ces organismes éditent un (ou plusieurs) guide dans lequels sont répertoriés les hébergements touristiques affiliés, mettent à votre disposition une centrale de réservation et vous conseillent dans vos démarches (notamment l'obtention de subventions). Obtenir un label suppose cependant des concessions en matière de sécurité, voire de décoration… Vous devez donc faire la part des choses, et considérez ce qui, à vos yeux rentabilisera le mieux votre entreprise : le label ou vos choix d'aménagement.

La cotisation annuelle à la Fédération nationale des gîtes de France se situe autour de 114 € pour un gîte rural et de 130 € par chambre d'hôtes.

Le plus important d'entre eux est La Fédération nationale des gîtes de France qui dispose de 96 antennes départementales. Elle attribue un nombre d'épis, qui est fonction du confort. Vous avez un droit d'entrée et une cotisation annuelle, dont le montant dépend de votre département, du type et du nombre d'hébergements que vous proposez.

Fédération nationale des gîtes de France
59, rue Saint-Lazare, 75439 Paris Cedex 09
01 49 70 75 75
www.gites-de-france.fr

« Il faut monter un dossier (présentation de la maison, intérieur, extérieur, emplacement géographique...) et le soumettre à la Fédération nationale des gîtes de France. Une technicienne vient juger sur place (remplir certains critères tels que l'éloignement des routes nationales, le confort...) et vous êtes alors agrée ou non. Si vous obtenez l'agrément, votre chambre d'hôtes va ainsi paraître dans le guide et aura une existence officielle. Dans un deuxième temps, on vous labélise (1, 2, 3 épis...) suivant la qualité du cadre, du lieu. »

Madame Fagoaga déléguée auprès de la Fédération nationale des gîtes de France.

Le label Bienvenue à la Ferme est attribué par l'Assemblée permanente des chambres d'agriculture. Six produits sont proposés : la ferme-auberge, la ferme équestre, la ferme de séjour, le camping en ferme d'accueil, les goûters à la ferme, la vente directe de produits de la ferme ainsi que la ferme pédagogique, la ferme de découverte et la chasse à la ferme. Ce label s'adresse bien entendu aux éleveurs et agriculteurs.

APCA, 9, avenue George-V, 75008 Paris
01 53 57 10 10 ou 01 53 57 11 59
www.bienvenue-a-la-ferme.com

La Fédération nationale d'accueil paysan attribue le label Accueil paysan. Différentes formules d'accueil sont proposées au travers de ce label, l'accueil familial (en gîte), la chambre paysanne, le camping paysan, la table ou l'auberge paysanne, le relais et la ferme équestre, l'accueil d'enfants, de groupes ou de classes. Plus de 400 points d'accueil en France et à l'étranger sont répertoriés.

Fédération nationale d'accueil paysan
9, rue de la Poste, 38000 Grenoble
04 76 43 44 83
www.accueil-paysan.com

Rando Accueil propose des hébergements labellisés : Rando gîte, Rando plume, Rand'hôtel ou Rando toile. Les deux premiers labels concernent des gîtes de groupe.

Rando Accueil
4, rue Ronsard, 35000 Rennes
02 99 26 13 50
www.rando-accueil.com

Bed and Breakfast a une antenne française.

Association française BAB France
23, centre commercial Les Vergers
95350 Saint Brice-Sous-Forêt
01 34 19 90 00
www.bedbreak.com

Fleurs de Soleil est un réseau de chambre d'hôtes.

Association des maisons d'amis en France, Fleurs de Soleil
52 avenue Thermale, 03200 Vichy
08 26 62 03 22
www.fleurs-soleil.tm.fr

Il existe également des réseaux spécialistes des moulins ou des belles demeures et châteaux.

M comme Musique

L'organisation de concerts nécessite une autorisation préfectorale. De plus, une redevance doit être payée à la SACEM à ce titre. Elle dépend d'une part des morceaux de musique joués (qui ne sont pas encore dans le domaine public), et du chiffre d'affaires généré par cette manifestation.

SACEM, Société des auteurs et compositeurs
et éditeurs de musique
225, avenue Charles de Gaulle,
92528 Neuilly-sur-Seine
01 47 15 47 15

Grâce à la loi pour l'initiative économique, vous pouvez protéger votre habitation principale des poursuites des créanciers en faisant une déclaration d'insaisissabilité devant notaire.

Les propriétaires de bâtiments classés monuments historiques peuvent bénéficier d'avantages fiscaux et d'aides financières pour la réalisation des travaux. Contactez la Direction régionale des affaires culturelles.

N comme Notaire

Lors de l'achat de votre maison, vous devez informer votre notaire de la destination professionnelle de votre logement, à savoir, la location. Ceci sera indiqué sur votre acte d'achat.

O comme Ouverture

Vous êtes tenu, avant l'ouverture de votre gîte ou de vos chambres d'hôtes d'en avertir la mairie.

P comme Patrimoine

La préservation du patrimoine étant un principe relativement présent dans cette activité, nous vous conseillons de vous rapprocher d'un certain nombre de structures vous permettant d'améliorer l'habitat et de respecter l'architecture locale.

Un intervenant des Maisons paysannes de France, qui est une association de sauvegarde du patrimoine, peut vous donner des conseils sur la préservation de l'architecture de la maison par rapport à l'architecture du site.

Maisons paysannes de France
42, faubourg Montmartre, 75009 Paris
01 44 83 63 63
www.maisons-paysannes.org

Un architecte du CAUE, Comité de l'architecture de l'urbanisme et de l'équipement, peut vous conseiller lorsque le site comporte un caractère architectural particulier.

Fédération nationale des CAUE
20-22, rue Commandeur, 75014 Paris
01 43 22 07 82
www.fncaue.asso.fr/caue/html

Vous pouvez également vous adresser au réseau Habitat et développement, constitué de prestataires de services pouvant intervenir dans l'aide à la définition de projet. Vous trouverez beaucoup de renseignements concernant les règlements d'urbanisme et les financements de projets sur leur site.

Fédération Nationale Habitat et Développement
27, rue de La Rochefoucauld
75009 Paris
01 45 26 69 66
www.habitat-developpement.tm.fr

Vous devez faire une demande de permis de construire auprès de votre mairie pour tous travaux de construction et d'aménagement. Comme nous vous l'avions conseillé lors de la recherche de votre petit coin de paradis, vous avez consulté le PLU (Plan local d'urbanisme), qui vous a fourni le COS (Coefficient d'occupation des sols).

Ce chiffre est égal à :

$$\frac{\text{SHON (Surface hors œuvre nette) d'une construction}}{\text{Surface du terrain sur lequel est édifiée cette construction}}$$

La SHON comprend la somme des surfaces de plancher de chaque niveau, de laquelle vous déduisez toutes les surfaces non aménageables pour l'habitation ou une activité professionnelle (surfaces dont la hauteur sous plafond est inférieure à 1,80 m, balcons, garages, buanderies, préau…).

La maison de vos rêves a un terrain d'une surface de 2000 m², la SHON actuelle est de 350 m². Vous voulez aménager une des granges en salle de réception au rez-de-chaussée, avec un dortoir au-dessus, soit 300 m².

Vous avez consulté le PLU, le COS est de 0,3. Cet aménagement est-il possible ?

Calcul : 2000 × 0,3 = 600 m^2. Vous avez donc droit à une SHON de 600 m^2.

Cet aménagement n'est pas possible car les 350 m^2 habitables actuels ajoutés aux 300 m^2 que vous souhaitiez aménager font 650 m^2, vous n'obtiendrez donc pas de permis de construire pour ces aménagements.

Les couleurs des pancartes de préenseigne doivent être vives tout en s'harmonisant avec le paysage, le principe étant d'être vu, sans dénaturer l'environnement.

R comme signalisation Routière

Si vous souhaitez avoir une clientèle de passage ou tout simplement que vos clients n'arrivent pas de mauvaise humeur après avoir tourné une heure pour trouver votre petit coin de paradis, vous devez montrer le chemin. Suivez le guide, mais avec goût, méthode et respect des réglementations :

- Ces pancartes doivent être implantées à une distance supérieure à 200 mètres du bord de la chaussée, si celle-ci est une route ou une autoroute. La taille a également son importance et ne doit pas dépasser 1 m × 1,50 m.
- Sur les bords de certaines routes, il vous est parfois possible de disposer une préenseigne, mais vous devez en demander l'autorisation à la Direction départementale de l'équipement (DDE). Ces préenseignes devront (vous êtes limité à quatre) dans tous les cas se situer dans un rayon de cinq kilomètres de votre activité, et ne pas constituer un danger pour les automobilistes, de par leur implantation (virages, réduction de la visibilité…) et les symboles représentés (flèches…).
- Si vous ne parvenez pas à obtenir l'autorisation de la DDE pour disposer une pancarte, elle acceptera certainement que vous utilisiez un panneau réglementaire appelé CE, d'une valeur d'environ 120 €, fléchant ainsi le trajet pour parvenir à votre gîte ou à vos chambres d'hôtes.

→ Vous pouvez également réaliser un livret de présentation de votre hébergement avec des photographies et un plan d'accès.

S comme hygiène et Sécurité

Le nombre de chambres n'est pas limité mais lorsqu'il atteint six, le propriétaire est obligatoirement soumis au régime réglementaire des ERP (établissements recevant du public), en matière de prévention des risques d'incendie et d'accessibilité des personnes handicapées. Ces normes imposent notamment l'installation d'une alarme, la présence d'extincteurs et la visite de la commission de sécurité. Il est recommandé à ce titre de se rapprocher des services départementaux d'incendie et de secours (SDIS), afin de convenir avec eux des aménagements à prévoir avant d'engager des travaux.

Une piscine nécessite quelques aménagements tels que des barrières protectrices évitant qu'un enfant sans surveillance s'y aventure, et se noie.

Soyez également vigilants avec les plans d'eau, car il suffit de peu de profondeur et de très peu de temps pour que ce type de catastrophe arrive.

La Fédération nationale des gîtes de France limite le nombre des chambres d'hôtes à six avec une capacité de quinze personnes maximum.

La Direction des services vétérinaires peut intervenir dans le cadre d'une création de table d'hôtes et lorsqu'il s'agit d'un gîte d'enfants.

Dans ce dernier cas, vous pouvez contacter le service incendie de la commission de sécurité, la DDASS (Direction départementale de l'action sanitaire et sociale), la DDJS (Direction départementale de la jeunesse et des sports) et leur soumettre votre projet.

Une trousse à pharmacie bien équipée peut être utile. Vous pouvez également passer un brevet de secourisme, obligatoire si vous accueillez des groupes d'enfants.

En ce qui concerne les normes d'éclairage, de chauffage et d'électricité, contactez tout simplement EDF-GDF ou le CONSUEL (Comité national sécurité usagers électricité).

www.consuel.com

S comme Syndicat d'initiative et office de tourisme

Vous devez, pour mieux vous faire connaître vous inscrire à l'office de tourisme ou au syndicat d'initiative de votre ville ou secteur. Pour cela vous devez avoir obtenu un label.

FNOTSI (Fédération nationale des offices de tourisme et des syndicats d'initiative)
280, boulevard Saint-Germain, 75007 Paris
01 44 11 10 30

T comme Tarifs

Il n'existe aucun barème strict en matière de prix de location, son montant reste à la discrétion du propriétaire. Ces prix sont établis à l'avance et publiés dans le guide annuel pour les adhérents de la Fédération nationale des gîtes de France. Ils doivent être affichés, à l'extérieur du bâtiment, à la réception et à l'intérieur de chaque chambre (ou gîte). La délivrance d'une note ou d'une facture sera obligatoire audessus de 15,24 €.

Il est de coutume que vous partagiez le repas avec vos hôtes. Il peut en effet être assez décevant de se retrouver dans une salle impersonnelle aménagée uniquement pour le repas de vos clients, une cantine en somme !

T comme Table d'hôtes

La création d'une table d'hôtes est une activité commerciale à part entière. Aussi, si vous n'étiez qu'un simple loueur non-professionnel, vous allez devoir à présent vous inscrire à la Chambre de commerce et d'industrie et choisir une forme juridique.

Il faut également en informer votre mairie et faire une déclaration auprès des services vétérinaires, ainsi qu'acquérir la petite licence de restaurant qui vous permettra de servir des boissons. Cette dernière démarche se fait auprès des services des douanes.

V comme chèques Vacances

Si vous souhaitez accepter les règlements par chèques vacances, vous devez obtenir un agrément auprès de l'ANCV (Agence nationale pour les chèques vacances). L'avantage supplémentaire dont vous allez bénéficier en faisant cette démarche est votre présentation dans le guide de l'ANCV. C'est un autre moyen de se faire connaître.

Agence nationale pour les chèques vacances
36, boulevard Henri Bergson, 95201 Sarcelles Cedex
0 825 844 344 (n° indigo : 0,15 € TTC / minute)
www.ancv.com

W, X, Y et Z

En aucun cas ne négligez l'importance de ces démarches comme de bien connaître vos droits et vos devoirs. Ainsi, vous pérenniserez votre entreprise.

LE MAS SAINT AVIT

Le Mas Saint Avit
47150 Lacapelle-Biron
www.mas-saint-avit.com

Deux gîtes de 4/5 personnes,
tarifs de 260 à 660 €
par maison par semaine (linge
et chauffage en plus)

Aux confins de trois beaux départements (Dordogne, Lot, Lot-et-Garonne), dans un superbe site protégé de 24 hectares de prairies et de bois vallonnés, deux gîtes de charme, tout confort, de plain-pied, sont entourés d'un vaste jardin paysager et agrémentés d'une grande piscine avec escalier (très conseillé pour les jeunes enfants).

Parisienne depuis toujours, Annick Cristin n'a pas fait d'études supérieures, c'est avec le baccalauréat qu'elle se lance dans la vie professionnelle. Elle entre dans l'industrie du luxe, et plus particulièrement dans la parfumerie, où elle gravit un à un les échelons jusqu'à devenir directrice du marketing appliqué chez Givenchy.

« Arrivée à 45 ans, j'ai eu envie de passer à autre chose, de changer d'air » se souvient-elle, « 45/50 ans, ça doit être l'âge, on travaille déjà depuis 25 ans, on voit la retraite arriver, on a peur du licenciement. Je ne me voyais pas passer ma retraite à Paris, l'idée de partir à la campagne a donc fait son chemin. Mon mari avait lui aussi envie de passer à autre chose. Nous étions prêts à démarrer cette activité ; grâce à nos métiers antérieurs nous avions les connaissances nécessaires en gestion et j'ai toujours eu un grand sens commercial et le goût d'entreprendre. Nous avons donc décidé de partir à la recherche d'une maison dans le Périgord. Nous y allions en vacances et nous étions tombés amoureux de cet endroit. Nous avons donc contacté des agences immobilières locales, à la recherche d'une maison à vendre. Après avoir visité quelques-unes d'entre elles, nous sommes tombés sous le charme d'une ancienne ferme.

Malheureusement, elle était plus chère que ce que nous avions prévu, mais il n'y avait aucun travaux à réaliser, alors nous l'avons tout de même achetée. Avec du recul, si mes remboursements de crédit sont importants, je pense que ça a été un choix judicieux, nous n'avons pas eu à entreprendre de fastidieux travaux et nous avons pu ouvrir nos gîtes plus tôt. La propriété nous a coûté environ 230 000 €, et nous avons compté environ 7 600 € d'aménagement par gîte. »

À cette époque, en 1989, Annick Cristin et son mari vivent toujours à Paris et font l'aller et retour tous les quinze jours vers le Périgord, pour refaire la décoration et pour trouver une autre activité. En effet la seule location de leurs gîtes ne leur permet pas de vivre. Monsieur Cristin rachète alors un portefeuille d'assurances à Périgueux, à quelques 90 km de leur Mas. Ils s'installent dans le Périgord.

« Nous n'avons pas vraiment fait d'étude de marché, juste un compte d'exploitation prévisionnel en nous appuyant sur les chiffres d'autres gîtes. Le choix de l'emplacement à été instinctif. Mais je recommanderai vivement à ceux qui veulent en faire leur métier de réaliser une sérieuse étude. En effet les nouveaux arrivants, des citadins pour la plupart, se croient toujours en vacances et ne voient pas la réalité économique des campagnes. »

« Nous n'avons pas fait d'étude de marché, le choix de l'emplacement a été instinctif. »

En femme de marketing, Annick Cristin choisit son positionnement : le haut de gamme. *« Mon expérience dans le domaine du luxe, m'a appris cela : soit vous faites du bas de gamme et vous vendez beaucoup, soit vous faites du haut de gamme et vous êtes sélectif. »* Elle n'avait que deux gîtes, elle a donc fait du sélectif.

« Pour cela il fallait investir dans une piscine, ce que nous avons fait. » Chaque maison a deux chambres, un séjour/salle à manger, un coin cuisine très bien équipé, une salle de bains avec WC et une terrasse couverte avec

barbecue et mobilier de jardin ainsi qu'un garage privé.

Tout est prêt pour l'été 1990, il faut à présent trouver des clients. Elle cible une clientèle aisée de familles avec de jeunes enfants. Parlant l'anglais et connaissant le goût des britanniques pour le Périgord, elle décide de travailler avec des agences anglaises de self-catering (sorte de centrale de réservation de luxe). Le succès est au rendez-vous, malgré la période tardive à laquelle elle s'est fait connaître. Ce système a très bien marché les trois premières années, elle n'accueillait pratiquement qu'une clientèle anglo-saxonne. Mais au bout de ces trois ans, le contexte économique général devient plus morose et l'agence fait faillite. Annick Cristin commence alors à travailler avec le Guide Bertrand, *une référence en matière de gîtes.*

*Jusqu'au jour où en 1995, elle lit dans un article que « ceux qui ne seront pas sur Internet seront les illettrés du XXI*e *siècle ». Elle contacte alors la chambre de commerce et d'industrie de Périgueux, qui à cette même époque cherchait également à lancer un site et crée donc une page. C'est alors une clientèle internationale de familles aisées avec de jeunes enfants qui est au rendez-vous, et Annick Cristin reçoit environ cinq mails par jour. Elle lance d'ailleurs un nouveau site, pour pouvoir le modifier à sa guise.*

« Ceux qui ne sont pas sur Internet serons les illettrés du XXIe siècle. »

« Aujourd'hui, je ne travaille quasiment plus qu'avec Internet et j'affiche complet un an à l'avance ! » « En ce qui concerne la politique de réservation, je prends les réservations dans leur ordre d'arrivée, il n'y a pas de favoritisme pour les clients fidèles, ce qui permet à la fois de renouveler notre clientèle et de simplifier les réservations. »

« Nous avons fait environ 6 000 € de chiffre d'affaires la première année, et nous arrivons aujourd'hui à environ 12 000 €, ce chiffre a été atteint très rapidement et est assez régulier (les gîtes sont réservés un an à l'avance,

pour une période moyenne de quinze jours et de juin à septembre). Pour les tarifs nous avons compté environ 150 € par personne et par semaine, soit 600 € la semaine pour chacun de nos gîtes qui ont tous les deux quatre lits, ce qui me paraît être un très bon rapport qualité/prix au vu des équipements. Nous louons également le linge et la machine à laver, l'expérience nous a en effet montré que lorsque vous offrez ces services, ou d'autres, gratuitement, les gens ne respectaient pas les installations, alors que le fait de payer, ne serait-ce qu'une contribution symbolique, les rendait plus soigneux. Dans le même ordre d'idée, nous demandons un règlement de 25 % à la réservation et le solde un mois avant, système qui permet de nous prémunir contre des défections éventuelles. Il y a quelques années par exemple, la France a été bloquée par les poids lourds, tous les hôtels et les gîtes du coin ont subi des annulations ; chez nous, comme ils avaient payé d'avance, nos clients se sont débrouillés pour venir tout de même. »

« Il n'y a pas de favoritisme pour les clients fidèles. »

Vers une entreprise pérenne

8

L'étude de marché, c'est-à-dire l'observation de votre environnement, de l'évolution des choix touristiques… se poursuivra tout au long de la vie de votre entreprise. Il va falloir être vigilant.

▷ Acquérir une renommée

Une campagne d'ouverture

Quand on estime la capacité d'un car à plus de 40 places, contacter les autocaristes peut ouvrir des perspectives.

Lors de l'inauguration, invitez la presse locale, le maire et son conseil municipal, les commerçants de votre quartier, les hôteliers, les propriétaires de gîtes ruraux et de chambres d'hôtes alentour, le personnel de l'office de tourisme, les autocaristes de la région… Faites en sorte que cette inauguration soit originale et chaleureuse, les invités doivent sortir de votre mai-

Vous pouvez vous-même faire de la publicité pour les commerces ou les entreprises voisines, en laissant leur carte de visite près de la documentation sur votre région par exemple.

son avec le désir d'y revenir ou au moins de la recommander à d'autres. N'oubliez pas de leur laisser une carte de visite.

Un réseau

Ce n'est pas isolé dans votre jolie chaumière que vous allez créer votre entreprise mais en relation avec les participants à la vie de votre village et de votre région. Les rencontrer vous sortira de votre solitude et développera rapidement votre activité.

Les mairies et les SIVOM

Mettez-vous en relation avec votre mairie ou un SIVOM (Syndicats intercommunal à vocation multiple). Ces derniers regroupent plusieurs communes et ont pour vocation d'agir ensemble avec des budgets communs sur des thèmes allant de l'aménagement du territoire jusqu'à l'enseignement et l'emploi. Le tourisme peut, par conséquent, en faire partie. Renseignez-vous auprès de la Direction générale de l'agriculture pour connaître leur existence.

Les artisans et agriculteurs

C'est chez eux que vous pouvez envoyer vos hôtes, pour découvrir les vieux métiers, ou acheter les produits de la ferme. Ces rencontres feront peut-être naître des idées originales, comme des circuits à thème…

Les restaurants

Vous vous en apercevrez rapidement, vos clients vous demanderont presque systématiquement conseil sur les tables environnantes.

Certains chercheront une adresse bon marché, d'autres un restaurant gastronomique. Rencontrer les restaurateurs des alentours vous permettra de mieux conseiller et d'établir avec eux une association efficace.

Vos concurrents, les gîtes et chambres d'hôtes

Vous pouvez répondre à un client que vous êtes complet et le saluer sans plus d'information. Mais vous pouvez également le conseiller et lui proposer différentes autres possibilités. Votre concurrent n'hésitera pas dans un proche avenir à vous envoyer aussi des clients qu'il ne peut satisfaire, faute de place.

« Pendant les deux premières années, je ne pensais pas que la clientèle pourrait être locale, je n'ai donc pas noué de contacts avec la population. Mais j'ai compris qu'il est impératif d'être bien intégré. Comment ? C'est simple, allez chez le coiffeur du coin et boire un café au bistrot du village. »

Gérard Brision du domaine du Houvre.

Les offices de tourisme, les autocaristes...

Rencontrer ces professionnels du tourisme vous apportera sans aucun doute des clients, car en plus de vous faire connaître, vous pourrez établir un rapport de confiance. S'ils ont à conseiller un vacancier, ils recommanderont plus aisément votre adresse que celle d'une personne qu'ils n'ont jamais rencontrée.

FNOTSI (Fédération nationale des offices de tourisme et des syndicats d'initiative)
280, boulevard Saint-Germain, 75007 Paris
01 44 11 10 30
www.fnotsi.net

Les rencontres avec les acteurs locaux et votre connaissance de la région, de ses produits, et de ses chemins cachés vous permettent d'offrir des renseignements que les touristes ne trouvent pas dans les guides. Ces informations sont très précieuses.

Acheter un gâteau basque au Pays Basque dans la pâtisserie recommandée par tous les guides est plaisant. Mais aller le déguster dans le moulin qui les fabrique et dont la roue tourne encore, est bien plus amusant.

La presse

Accrocher les médias peut être difficile au début, mais lorsque vous aurez un article paru dans la presse, cela fera boule de neige. Cette presse peut être assez large, elle va de la presse locale au magazine *Village*, en passant par les magazines de décoration (*Marie-Claire Maison, Elle Décoration, Coté Ouest, Sud* ou *Est*...), les magazines féminins (*Atmosphère, Idéat*...), ou tout magazine ou quotidien qui pourrait trouver un intérêt à parler de votre activité.

Et tous les acteurs de la vie locale

Toutes les rencontres peuvent être intéressantes, si elles ne sont pas uniquement intéressées. Car si vous ne proposez rien à votre interlocuteur, ou simplement de le recommander à votre tour, il ne fera pas de geste pour vous.

Un site internet

Internet devient incontournable. Il est relativement facile de créer une « page perso » qui présentera votre demeure, la région, et qui donnera tout simplement envie à l'internaute de réserver pour le week-end prochain. Si vous êtes allergique à l'informatique, vous trouverez certainement dans votre entourage un passionné de la souris qui se fera un plaisir de vous faire une jolie publicité sur la toile.

Un concept

Tout au long de cet ouvrage, vous avez pu constater l'importance du concept : l'idée originale qui fera de votre gîte rural ou de vos chambres d'hôtes le lieu où l'on souhaite passer un week-end ou des vacances. Mais avez-vous fait le tour de la question ?

Un aspect du concept est l'accueil. Cet accueil peut prendre de multiples formes, il est souvent à l'image de ce que vous souhaiteriez vous-même trouver en tant que touriste.

Une multitude de petites attentions feront le charme de votre maison. Un vase dans lequel vous aurez placé quelques fleurs fraîches de votre jardin, des savonnettes de toilette (dont la couleur est en harmonie avec celle du linge de toilette par exemple), des confitures maisons au petit déjeuner, des vêtements de pluie à prêter, un petit cadeau à l'arrivée…

> *Un piano dans la salle commune de votre gîte peut séduire beaucoup d'amateurs de musique, de théâtre ou de danse. En effet si un groupe loue quelques jours votre gîte pour répéter une pièce de théâtre ou un concert, le piano peut être utile.*

De la documentation sur votre région plaira toujours à vos hôtes : des cartes touristiques, une revue de presse de la région, des magazines comme *Muséart, Géo,* mais aussi *Massif central, Sud-Ouest,* ou bien encore *Côté Sud, Côté Est*… ou des magazines de recettes de cuisine.

Ainsi un projet bien réfléchi fera fonctionner le bouche à oreille.

▷ Rentabiliser

Pour un gîte rural, les charges relatives à l'investissement de départ accaparent environ 75 % du chiffre d'affaires[1] et donc la rentabilité est faible ; mais le gîte rural a d'abord un rôle patrimonial, rénover des bâtiments par exemple, et couvrir les charges liées à cette rénovation est souvent le but recherché.

1. Source :TRAME.

En chambre d'hôtes, la rentabilité est meilleure, mais demande environ 50 % de travail en plus.

Quels objectifs de rentabilité ?

Comme nous l'avons vu, les créateurs de gîtes ruraux ou de chambres d'hôtes n'ont pas tous les mêmes objectifs de rentabilité. Certains souhaitent vivre de cette activité, d'autres veulent réhabiliter un patrimoine et financent les travaux par cette activité, d'autres encore ont l'envie d'accueillir chez eux des touristes sans souci de rentabilité. Parmi tous ces porteurs de projets, certains ont déjà un patrimoine, d'autres ont un pécule leur permettant d'acquérir une maison, d'autres vont s'endetter. Suivant la situation de chacun, rentabiliser l'affaire n'a pas la même signification. Le calcul de votre seuil de rentabilité vous a confirmé le niveau d'activité que vous deviez atteindre pour mener à bien votre projet. Vous vous êtes posé en ce sens les questions, à savoir, si vos charges fixes et variables étaient trop élevées ou non. Tout au long de votre activité vous devrez vérifier ce calcul, et l'optimiser.

Bien gérer votre temps

Vous êtes seul dans l'aventure, ou plusieurs, vous disposez en totalité, d'un certain nombre d'heures par jour et par semaine. Votre activité nécessite, elle, une certaine quantité de travail. Pour évaluer votre capacité à mener à bien l'ensemble des tâches nécessaires à la bonne marche de votre entreprise, vous allez devoir en faire la liste. Nous pouvons ici vous en donner un aperçu, que vous pourrez compléter en fonction de la réalité de votre activité.

Vous avez d'une part les activités liées directement à la venue d'un client (plus vous avez de clients, plus ces activités occupent votre temps) :

- les réservations téléphoniques, la confirmation par courrier ;
- l'accueil des clients ;
- la préparation du repas si vous offrez la table d'hôtes, ainsi que son service ;
- la préparation du petit déjeuner et son service ;
- la facturation ;
- le départ du client ;
- l'entretien de la chambre ou du gîte.

Vous exercez un métier d'accueil, il est donc important de passer un peu plus que quelques minutes à accueillir vos hôtes. Si chaque jour vous passez en moyenne une heure et demie à cette tâche (l'arrivée des clients s'étale dans la fin d'après-midi), au bout de 16 semaines, soit 112 jours, cela fera 168 heures !

À cela s'ajoutent les tâches nécessaires, quel que soit le nombre de clients :

- l'entretien des bâtiments, et du jardin ;
- la décoration, l'entretien du mobilier et des équipements ;
- la gestion ;
- les relations avec les acteurs locaux ;
- la recherche d'informations et de documentation.

Vous avez déjà mesuré le temps que vous mettiez à changer les draps d'un lit ?

Vous pouvez dès à présent estimer le temps que vous allez mettre à réaliser l'ensemble de ces tâches, puis, lorsque votre projet démarrera réellement, notez effectivement le temps passé.

Ceci peut vous paraître contraignant, mais il vous permettra de prendre conscience que vous passez trop de temps à certaines tâches au détriment d'autres. Vous pourrez ainsi, mieux vous organiser. Viendra le moment où il sera nécessaire d'employer une personne supplémentaire.

Nous ne nous sommes intéressés ici qu'à l'activité hébergement, vous y ajoutez sans doute des activités sportives ou culturelles qui vous demanderont beaucoup de temps, estimez-en l'importance.

▷ Ne pas négliger la gestion

L'accueil chaleureux ne suffira pas à assurer la pérennité de votre entreprise si vous n'êtes pas un bon gestionnaire. Pour cela, vous devez être rigoureux dans la gestion quotidienne de votre entreprise, et rentabiliser au mieux votre activité mais aussi connaître vos devoirs vis-à-vis de l'administration fiscale.

Une rigueur sans faille

Si l'animateur que vous employez pour les randonnées en VTT est désagréable avec vos hôtes, ceux-ci ne recommanderont sans doute pas votre gîte de séjour à d'autres touristes.

- → Tenez quotidiennement votre comptabilité, vérifiez-en les erreurs, etc.
- → Prenez soin de provisionner les charges à payer si vous êtes travailleur indépendant, soyez attentif aux divers courriers de l'administration, envoyez dans les temps les diverses déclarations de revenus, de TVA et autres.
- → Assurez-vous que le personnel est à l'image de votre entreprise.
- → Le bon sens peut vous aider.

Impôts, taxes et autres charges

La forme juridique que vous avez choisie entraîne des obligations fiscales. Pour l'essentiel, votre entreprise est soumise à l'impôt sur le revenu ou à l'impôt sur les sociétés, vous acquittez une TVA lors de vos achats, et vos clients vous règlent cette même taxe. Enfin, acheter un véhicule n'est pas un achat anodin au regard de l'administration fiscale. En dernier lieu, il est possible d'adhérer à un centre de gestion agréé pour plus de transparence et bénéficier de certains avantages, si votre entreprise est soumise à l'impôt sur le revenu.

À compter de 2007, l'abattement fiscal de 20 % dont bénéficient les adhérents d'un CGA imposés selon un régime réel d'imposition sera supprimé en raison de son intégration dans le barème fiscal de l'IR. En contrepartie, les entreprises non adhérentes à ces organismes verront leur bénéfice imposable majoré de 25 % avant leur soumission au barème progressif par tranches de l'IR.

L'impôt sur le revenu

Les entreprises individuelles sont soumises à l'impôt sur le revenu dans le cadre des bénéfices industriels et commerciaux (BIC). Les caractéristiques de cet impôt sont les suivantes :

→ Les entreprises, dont le chiffre d'affaires est inférieur ou égal à 76 300 € HT, bénéficient du régime « micro-entreprise » avec option possible pour le régime réel simplifié ou normal.
La TVA est alors non applicable : vous bénéficiez de la « franchise en base ».

→ Les entreprises dont le chiffre d'affaires est compris entre 76 300 € HT et 763 000 € HT

Le statut fiscal de micro-entreprise semble particulièrement adapté à beaucoup d'entre vous, vos revenus étant souvent inférieurs à 76 300 € sur l'année. Ainsi vos obligations déclaratives sont simplifiées, et vous ne payez pas la TVA (bien entendu, vous ne la récupérez pas non plus sur vos investissements).

sont soumises au régime réel simplifié avec option possible pour le régime réel normal.

Vous bénéficiez du régime simplifié en matière de TVA, mais vous pouvez opter pour le régime réel normal.

→ Les entreprises dont le chiffre d'affaires est supérieur à 763 000 € HT sont soumises au régime réel normal.

Vous bénéficiez alors du régime normal en matière de TVA.

L'impôt sur les sociétés

Dans le cas de l'impôt sur les sociétés et contrairement à l'impôt sur le revenu des entreprises individuelles, une distinction existe entre le bénéfice de l'entreprise et la rémunération des dirigeants.

Le bénéfice net, déduction faite de la rémunération des dirigeants, est imposé généralement au taux de 15 %. La société calcule elle-même l'impôt qu'elle doit et le verse spontanément au percepteur. Le paiement de l'IS s'effectue habituellement en quatre acomptes versés à dates fixes (20 février, 20 mai, 20 août, 20 novembre).

Ce taux réduit d'IS vous sera appliqué dans la limite de 38 120 € si votre capital social est entièrement libéré, souscrit à hauteur de 75 % au moins par des personnes physiques et si votre chiffre d'affaires est inférieur à 7 630 000 €.

Les dirigeants sont imposés personnellement sur leur rémunération et sur les dividendes reçus, au titre de l'impôt sur le revenu (dans la catégorie, cette fois-ci, soit des traitements et salaires, soit des revenus mobiliers pour les dividendes).

Ce régime est de droit pour les SARL.

Il peut s'appliquer, sur option, pour les autres types de sociétés : EURL, SCI.

L'impôt forfaitaire annuel (IFA)

Cet impôt n'est dû que par les sociétés soumises à l'IS existant au 1er janvier et réalisant un chiffre d'affaires HT supérieur à 300 000 €. Son montant est progressif selon l'importance du chiffre d'affaires réalisé et varie entre 1 300 et 100 000 €.

S'il est dû par votre entreprise, il sera déduit de votre résultat imposable.

Dans tous les cas, les entreprises nouvelles dont le capital social est composé au minimum de 50 % en numéraire sont exonérées d'IFA pendant leurs trois premières années d'activité.

La contribution sur les revenus locatifs

Depuis le 1er janvier 2001, la contribution représentative du droit au bail est supprimée et remplacée par la contribution sur les revenus locatifs.

Vous serez redevable de cette taxe si vous êtes exonéré de TVA et si votre local est situé dans un immeuble de plus de 15 ans.

Les bénéficiaires de la franchise de TVA (les micro-entreprises) doivent noter sur leur facture : « TVA non applicable, article 293B du CGI. »

Cette taxe est égale à 2,5 % des loyers perçus. Vous pourrez cependant en être exonéré si le montant annuel des loyers perçus pour chaque local n'excède pas 1 830 €.

La TVA

Les locations meublées sont en principe exonérées. Toutefois, si vous êtes loueur professionnel, vous serez assujetti à la TVA au taux réduit de 5,5 %.

p. 116

Si vous proposez des prestations complémentaires telles que le petit-déjeuner ou le nettoyage, celles-ci seront soumises au taux de 19,6 %.

La taxe professionnelle

Les loueurs professionnels de gîtes et chambres d'hôtes sont exonérés de taxe professionnelle.

Toutefois, les collectivités territoriales peuvent sur délibération maintenir la taxe professionnelle pour la part qui leur revient.

Dans l'hypothèse de l'exonération de la taxe professionnelle, le propriétaire doit néanmoins acquitter la taxe d'habitation.

La pluri-activité

Si vous diversifiez votre activité, comme vous l'avez vu dans le chapitre « Quelle forme juridique choisir ? », cela se répercute sur votre statut social et fiscal. Nous vous conseillons de vous rapprocher de votre inspecteur des impôts pour éclaircir, avec lui, votre situation et ne commettre aucune erreur. Cependant, quelques points sont à connaître :

- Si vous avez choisi le régime de la micro-entreprise (commerçants en entreprise individuelle), la limite supérieure de chiffre d'affaires est abaissée à 27 000 € lorsque le bénéfice est qualifié de non commercial (BNC), pour certaines prestations de services (cours de théâtre par exemple).
- Sur le plan comptable et fiscal, les agriculteurs doivent distinguer les revenus qu'ils retirent de leurs différentes activités (bénéfice agricole, bénéfices industriels et commerciaux). Tant que les revenus provenant de leur activité touristique ne sont

pas supérieurs à 50 000 € ou 30 % du chiffre d'affaires agricole (lorsqu'ils sont soumis au régime réel), ils peuvent les rattacher à leurs bénéfices agricoles. Il peut être utile de vous adresser à la Chambre d'agriculture de votre département et à la FNSEA.

Les véhicules d'entreprise

L'achat d'un véhicule doit se faire judicieusement, et pour cela, il n'est pas inutile d'en connaître les répercussions fiscales.

Si vous comptez faire l'achat d'un véhicule de tourisme au nom de l'entreprise, sachez que :

→ La TVA sur l'achat du véhicule ainsi que sur les frais d'entretien et de réparation est non déductible.

→ L'amortissement se fait uniquement sur la fraction du prix d'acquisition inférieure ou égale à 9 900 € pour les véhicules ayant un taux d'émission de dioxyde de carbone supérieur à 200g/km mis en circulation à compter du 1er juin 2004, ou 18 300 € pour les autres véhicules.

→ Le véhicule ne doit être affecté qu'à un usage professionnel. La quote-part de l'utilisation privée du véhicule est réintégrée dans les bénéfices et soumise à l'impôt sur le revenu du bénéficiaire.

→ Les sociétés ont une taxe sur les véhicules de sociétés à payer. Deux barèmes sont possibles. Le premier concerne les véhicules mis en circulation à compter du 1er juin 2004, et utilisés ou possédés par la société à compter du 1er janvier 2006. La taxe est alors fonction du taux d'émission de dioxyde de carbone du véhicule. Pour les autres véhicules, la barème suivant s'applique (tarif annuel applicable, par véhicule) :

- Voitures de 4 CV fiscaux au maximum : 750 €.

- Voitures de 5 à 7 CV fiscaux maximum: 1 400 €.
- Voitures de 8 à 11 CV fiscaux : 3 000 €.
- Voitures de 12 à 16 CV fiscaux : 3 600 €.
- Voiture de plus de 16 CV : 4 500 €.

Cette taxe n'est pas déductible pour les sociétés soumises à l'impôt sur les sociétés (IS).

Les centres de gestion agréés (CGA)

Ils ont tout d'abord une mission d'assistance auprès de leurs adhérents en matière de gestion, par la fourniture, chaque année, d'un dossier de gestion caractérisant la situation économique et financière de l'entreprise.

Le mode de calcul de l'impôt sur le revenu sera modifié en 2007. L'abattement fiscal de 20 % dont bénéficiaient les adhérents d'un CGA imposés selon un régime réel d'imposition sera alors intégré dans le barème fiscal de l'IR. En contrepartie, les entreprises non adhérentes à ces organismes verront leur bénéfice imposable majoré de 25 % avant leur soumission au barème progressif par tranches de l'IR.

Cette mission d'assistance peut se doubler d'une mission de prévention et de surveillance (examen de forme, de cohérence et de vraisemblance des documents et déclarations qui leur sont fournis).

Ils établissent les déclarations fiscales de leurs adhérents (placés sous le régime du réel), à la demande de ceux-ci.

Ils peuvent également fournir une analyse des informations économiques, comptables et financières en matière de prévention des difficultés.

Ils peuvent également vous proposer des formations à des conditions avantageuses.

Les entreprises soumises à l'impôt sur le revenu (IR) adhérentes d'un centre de gestion agréé bénéficient d'un abattement de 20 % sur leur bénéfice imposable, dans la limite de 120 100 €. Les sociétés imposées à l'IS ne peuvent bénéficier de cette mesure.

Pour pouvoir bénéficier de l'abattement dès l'année de création de l'entreprise, celle-ci doit adhérer au centre dans les trois mois du début de l'activité.

Le salaire de votre conjoint peut être déduit :

- → intégralement si vous êtes mariés sous le régime de séparation de biens ou si votre entreprise est adhérente à un CGA,
- → dans la limite de 13 800 € par an dans les autres cas.

FERME HALLUIN

Famille Delesalle à Halluin près de Lille

Trois chambres d'hôtes trois épis et deux chambres d'hôtes deux épis – 30 € par personne et par nuit – un gîte rural deux épis – 168 € la semaine de juin à septembre et 89 € le week-end

C'est pour conserver leur patrimoine et le rénover, que la famille Delesalle a choisi, il y a huit ans d'ajouter à son activité d'agriculteur, le gîte et les chambres d'hôtes. Ils montent leur projet rigoureusement, pour ne pas trop investir. Les revenus dégagés de cette nouvelle activité permettent de rembourser l'emprunt nécessaire au financement des travaux. Les membres de la famille (Monsieur et Madame Delesalle, leur fils marié, et leur fille) se rendent disponibles à tour de rôle pour l'accueil et le petit déjeuner ; leur décision de mettre en place cette activité avait été collégiale, et impliquait que chacun participe. Mlle Delesalle, styliste, peut concilier ses deux activités grâce à ce fonctionnement familial ; elle s'est, bien entendu, chargée de décorer les chambres et le gîte. Ils constatent que les chambres d'hôtes demandent plus d'énergie que le gîte. Leur clientèle vient de toutes les régions de France et de l'étranger : de Belgique, du Canada, (le Guide des gîtes de France *est distribué au Canada), du Japon (bouche à oreille). La famille Delesalle travaille également avec une centrale de réservation qui, grâce au minitel, inscrit directement les clients sur le planning. Il a fallu environ un an pour se faire connaître. Leur ferme, située près de Lille, est en plein passage (Belgique, France…).*

Bien qu'ils aiment les contacts qu'implique cette activité, ils n'ont pas souhaité ouvrir une table d'hôtes qui aurait mobilisé la famille également pour le repas. Ils préfèrent inviter leurs hôtes à boire un verre, leur présenter la région, les conseiller pour leur séjour… Ils sont séduits par le fait de pouvoir communiquer avec des gens venant de tous horizons.

« Cette activité devrait connaître un développement continu. Le tourisme vert est encore neuf dans l'esprit des gens, il reste un grand vivier de personnes à attirer… Les gens sont souvent satisfaits de leur séjour en gîte rural ou en chambres d'hôtes et la Fédération nationale des gîtes de France *est de plus en plus exigeante, ce qui est très positif pour nous. En effet les gens voient à travers ce label une qualité certaine. »*

La famille Delesalle va faire un bilan à la fin du remboursement de l'emprunt : prendre en compte les souhaits de chacun et continuer ou non l'activité.

Où trouver l'information ? 9

▷ Une bibliographie

Des ouvrages, des fiches...

Ouvrages sur la création d'entreprise en général

→ *Créer ou reprendre une entreprise,* APCE, Éditions d'Organisation, 2006.

→ *La micro-entreprise de A à Z,* Laurence Piganeau, APCE, Éditions d'Organisation, 2005.

→ *Entreprendre en solo, mode d'emploi,* Cécile Flé, Éditions d'Organisation, 2003.

→ *Mémento 2005 du créateur d'entreprise,* Jacques Coste, Le Monde de l'Entreprise, 2005.

Ouvrages sur le tourisme vert en particulier

→ Gîtes ruraux-chambres d'hôtes, fiche professionnelle, APCE, 2005.

→ Marché, création et gestion d'un gîte rural et d'une chambre d'hôtes, Guides professionnels service de proximité, Arcane Institut, 2003.

→ Activités touristiques en milieu rural, *Connaître sa rentabilité,* Éditions Source, 2005.

→ *Le tourisme rural - Comment créer et gérer ?,* François Moinet, Éditions France Agricole, 2006.

→ *Tourisme vert : comment développer votre projet,* Marie-Béatrice Mazuc, Puits Fleuri, 2004.

→ *Intégrer une stratégie Internet : premiers pas sur la toile pour les acteurs du tourisme rural,* Johanna Brun et Jérôme Levy, CNRTER, 2003.

→ *Guide juridique et fiscal du tourisme rural,* Francis Varennes, Éditions Ipso Facto, 2004.

→ *Créer un hébergement touristique en milieu rural,* tomes 1 et 2, Gwenaëlle Bourhis, Géraldine Odoul, Marie-Odile Bauer, Hubert de Bonneville, Educagri Éditions, 2006.

→ *Hébergement touristique en milieu rural,* Conseil national du tourisme, Documentation française, 2002.

→ *Tourisme rural,* 2005, Direction du tourisme. Ce dossier est accessible en ligne sur le site :
www.tourisme.gouv.fr
(rubrique : Dossiers en ligne : le tourisme de A à Z).

→ *Mémento du tourisme,* ministère du Tourisme, La Documentation française, 2005.

→ *Le guide du créateur,* conçu pour le futur membre du réseau Fédération nationale des gîtes de France. En ligne sur le site.

Maison des gîtes de France et
du Tourisme vert
59, rue Saint-Lazare
75439 Paris Cedex 09
01 49 70 75 75
www.gites-de-france.fr

→ *S'installer dans le tourisme vert,* Krystel Bablée, Éditions du Puits Fleuri, 2001.

→ *Le tourisme rural - Acteurs, clients, produits,* Revue Source, Hors série n° 5, juillet 2003.

Et des guides destinés aux touristes

→ Guides nationaux de la Fédération nationale des gîtes de France et du Tourisme vert : *Location de gîtes, Chambres d'hôtes, Séjours à thèmes, Hébergement de plein air*… et des guides régionaux et départementaux.

Fédération nationale des gîtes de France
et du Tourisme vert
www.gites-de-france.fr

→ *Bed and Breakfast France.*

www.bedbreak.com

→ *Vacances et week-end à la ferme,* Michel Smith, Éditions Balland, 2004.

Société nouvelle des Éditions Balland
33, rue Saint André des Arts
75006 Paris
01 43 25 74 40

→ *Maisons d'hôtes de charme en France, Bed and Breakfast à la française*, Éditions Payot Rivages, 2006.

Éditions Payot Rivages
106, boulevard Saint-Germain, 75006 Paris
01 44 41 39 90
www.guidesdecharme.com

→ *Bienvenue à la ferme,* APCA (Assemblée permanente des chambres d'agriculture).

APCA, 9, avenue George-V
75008 Paris
01 53 57 11 14
www.bienvenue-a-la-ferme.com

→ *Rando Accueil* qui regroupe quatre enseignes diffuse une liste d'exploitants de gîtes.

www.rando-accueil.com

→ *Guide des châteaux et hôtels de France.* Certaines demeures référencées dans ce guide sont privées et proposent des chambres d'hôtes.

Châteaux et Hôtels de France
84, avenue Victor Cresson
92130 Issy-les-Moulineaux
01 58 00 22 00
www.chateauxhotels.com

→ Association des maisons d'amis en France.

Fleurs de Soleil
52, avenue Thermale, 03200 Vichy
08 26 62 03 22
www.fleurs-soleil.tm.fr

Des revues

Village magazine, et *La lettre de l'acteur rural,* qui s'intéressent à la vie rurale, à son économie, à sa revitalisation. Ce magazine accompagne et encourage de façon pratique et positive les initiatives de tous ceux qui souhaitent construire leur vie à la campagne grâce à des dossiers, des enquêtes, des petites annonces, des fiches pratiques.

La Caillère, 61100 La Carneille
02 33 64 01 44
www.village.tm.fr

→ *Les revues Espaces et Cahiers Espaces* contiennent une information destinée aux professionnels du tourisme et des loisirs.

Espaces Tourisme et Loisirs, 8, rue Cels, 75014 Paris
01 43 27 55 90
www.revue-espaces.com

→ *La revue Source* éditée par le Centre national de ressources du tourisme en espace rural publie régulièrement des informations sur l'hébergement touristique.

Source, Enita, BP 35, 63370 Lempdes
04 73 98 13 16
www.source.asso.fr

→ Le bulletin trimestriel Gîtes de France est adressé par la Fédération nationale des gîtes de France à ses adhérents.

Une chaîne de télévision

Demain ! Vous la trouverez sur le câble ou canal satellite mais aussi dans les lieux publics de certaines régions comme le Limousin, la région Provence-Alpes-Côte d'Azur, la région Poitou-Charentes, l'Aquitaine, le Val-de-Loire, le Nivernais. C'est une chaîne de télévision dédiée à l'emploi, à la formation, à la création d'activité et à la reprise d'entreprise.

La rubrique *SOS Campagne* vous propose des locaux sur l'ensemble du territoire français, dont certains sont tout à fait adaptés à la création de gîtes, leurs loyers sont souvent modestes. Vous retrouvez ces annonces sur le site internet de la chaîne.

Demain !
www.demain.fr

Organismes et sources d'information

→ Le collectif Ville-Campagne organise régulièrement des colloques et accompagne des porteurs de projet souhaitant s'installer en milieu rural. Parmi les partenaires de ce collectif, vous trouverez la chaîne *Demain !*, le magazine *Village*, l'association 3 ADL, le CNASEA, la Fondation pour le logement social, le réseau Habitat et Développement, l'APCE (Agence pour la création d'entreprise), le CIME (Comité d'information et de mobilisation pour l'emploi), la FNCIVAM.

24, avenue du Président Wilson
87700 Aixe-sur-Vienne
05 55 70 47 00

→ La FNCIVAM, Fédération nationale des centres d'initiatives et de valorisation en milieu rural.

39, rue de Bretagne, 75003 Paris
01 44 54 27 70
fncivam.free.fr

→ L'AFRAT, Centre de formation professionnelle aux métiers du tourisme rural.

AFRAT, 38880 Autrans
04 76 95 35 08
www.afrat.com

→ L'ASFODEL, Association de formation et de développement rural appliqué au local.

ASFODEL, Le Pradel, 07170 Mirabel
04 75 36 74 34

→ Le Centre de formation et de promotion Le Verger.

Centre de formation Le Verger
11, avenue des Cadets de Saumur
49350 Gennes
02 41 38 07 30

→ Clévacances, Contacter votre office de tourisme.

www.clevacances.com

→ Fédération nationale des gîtes de France.

59, rue Saint Lazare, 75439 Paris Cedex 09
01 49 70 75 75
www.gites-de-france.fr

→ Fleurs de Soleil, Association des maisons d'amis en France.

52, avenue Thermale, 03200 Vichy
08 26 62 03 22
www.fleurs-soleil.tm.fr

→ Bienvenue à la ferme, Assemblée permanente des Chambres d'Agriculture.

9, avenue Georges V, 75008 Paris
01 53 57 10 10
www.apca.chambagri.fr
www.bienvenue-a-la-ferme.com

→ Eurogites, regroupe 21 associations professionnelles du tourisme rural.

www.eurogites.com

→ Source, Centre national de ressource du tourisme en espace rural.

Enita, BP 35, 63370 Lempdes
04 73 98 13 16
www.source.asso.fr

« Il faut absolument aller frapper à toutes les portes, ils ne faut pas avoir peur d'aller voir les hommes politiques locaux, les administrations... ne pas hésiter non plus à se former, mieux vaut avoir quelques connaissances avant de se lancer. De même, ne pas hésiter à faire appel à des gens compétents (expert-comptable, architecte...) et à faire venir les administrations compétentes pour les normes diverses. » conseille Philippe Savouré de La Métairie.

→ La FNOTSI (Fédération nationale des offices de tourisme et des syndicats d'initiative).

FNOTSI
280, boulevard Saint-Germain, 75007 Paris
01 44 11 10 30
www.tourisme.fr

→ La FNSEA (Fédération nationale des syndicats d'exploitants agricoles)

FNSEA
11, rue de La Baume, 75008 Paris
01 53 83 47 47
www.fnsea.fr

→ La Maison de la France.

Maison de la France
20, avenue de l'Opéra, 75001 Paris
01 42 96 70 00
www.franceguide.com

→ Le ministère délégué au Tourisme (Direction du tourisme).

23, place Catalogne
75685 Paris Cedex 14
01 70 39 93 00
www.tourisme.gouv.fr

→ TRAME (Centre de ressources et de développement agricole au service du monde de l'agriculture).

TRAME
6, rue de la Rochefoucault, 75009 Paris
01 44 95 08 00
www.trame.org

→ L'UFCV (Union française des centres de vacances et de loisirs).

UFCV
10, quai de la Charente, 75019 Paris
01 44 72 14 14
www.ufcv.fr

▷ Salons

Consultez la liste des manifestations, leurs dates et leurs organisateurs sur Internet *www.salons-online.com* ou *www.foiresalon.com.*

→ LOISIREXPO-Paris, Salon professionnel du tourisme et des loisirs de groupe à Paris.

www.loisirexpo.com

→ MITCAR, Marché international du tourisme de groupe.

→ Salon des vacances en France.

→ Salon du cheval et du poney à Paris.

→ SIA, Salon international de l'agriculture (Porte de Versailles).

→ SLPA, Salon des loisirs de plein air.

→ SMTV, Salon mondial du tourisme et des voyages à Paris.

→ Salon « randonnée, sports, nature », Paris.

→ Foire Internationale de Paris.

→ Foire de Bruxelles à Bruxelles. Renseignements : Fédération Nationale des Gîtes de France.

→ Foire à l'installation en milieu rural (organisée tous les deux ans). Contacts : Collectif Ville - Campagne (voir les coordonnées ci-dessus).

Conseil régional du Limousin
24, avenue du Président Wilson
87700 Aixe-sur-Vienne
05 55 70 47 00
www.projetsencampagne.com

▷ Annexe

Les mesures récentes en faveur de la création d'entreprise[1]

Mesure	Date d'entrée en vigueur
Récépissé de dépôt du dossier de création au CFE (Art. 2 de la loi pour l'initiative économique) Ce document vous sera remis immédiatement et gratuitement si vous créez une entreprise ou une société nécessitant une immatriculation au Registre du commerce et des sociétés (RCS) ou au Répertoire des métiers (RM), à condition que le dossier remis au CFE soit complet. Le récépissé de dépôt comportera la mention « en attente d'immatriculation » et vous permettra d'entreprendre immédiatement différentes démarches nécessaires au lancement de votre activité. *Attention ! Le récépissé de dépôt du dossier de création d'entreprise ne se substitue pas à l'immatriculation : il ne permettra pas au créateur de débuter son activité.*	12 juin 2006
Déclaration d'entreprise par Internet (Art. 4 de la loi pour l'initiative économique) Pour procéder aux formalités d'immatriculation de votre entreprise, vous êtes tenu : - soit de vous déplacer au Centre de formalités des entreprises (CFE) compétent pour déposer votre demande d'immatriculation, - soit d'envoyer par voie postale à ce CFE votre dossier de demande d'immatriculation. Vous pourrez, si vous le désirez, effectuer les formalités d'immatriculation de votre entreprise de chez vous par Internet.	12 juin 2006

1. Mesures issues de la loi pour l'initiative économique du 1er août 2003 et de la loi en faveur des PME du 2 août 2005.

MESURE	DATE D'ENTRÉE EN VIGUEUR
Inopposabilité des clauses d'exclusivité au salarié-créateur (Art. 15 de la loi pour l'initiative économique) Si votre contrat de travail contient une clause d'exclusivité, votre employeur ne pourra l'invoquer pendant une durée d'un an, si vous créez, parallèlement à votre activité de salarié, une entreprise. Vous devrez cependant respecter votre obligation de loyauté à son égard.	6 août 2003
Exonération de cotisations sociales au bénéfice des salariés-créateurs (Art. 16 de la loi pour l'initiative économique) Si vous êtes salarié et que vous créez une entreprise, simultanément à votre emploi, vous serez exonéré pendant un an des cotisations sociales dues au titre de votre nouvelle activité d'entrepreneur. Cette exonération, qui porte sur les cotisations d'assurance maladie, maternité, veuvage, vieillesse, invalidité / décès et allocations familiales, est accordée : - dans la limite des 12 premiers mois d'activité, - et dans la limite d'un plafond de revenus égal à 120 % du SMIC.	1er janvier 2004
Travail à temps partiel pour création ou reprise d'entreprise (Art. 17 et 18 de la loi pour l'initiative économique) Ces articles vous permettent, sous certaines conditions, de vous consacrer à votre projet de création d'entreprise, tout en conservant une activité professionnelle réduite au sein de l'entreprise qui vous emploie. Votre employeur pourra néanmoins reporter la transformation de votre contrat de travail dans la limite de 6 mois, et - si vous travaillez dans une entreprise de moins de 200 salariés - il pourra refuser votre demande, après avis des représentants du personnel, s'il estime que « cette transformation du contrat de travail aura des conséquences préjudiciables à la marche de l'entreprise ».	6 août 2003
Activités occasionnelles (Art. 22 de la loi) Si votre activité indépendante ne dépasse pas 90 jours par an, une proratisation de votre cotisation minimale d'assurance maladie-maternité vous sera accordée. Votre cotisation annuelle ne pourra cependant pas être inférieure à 1/12e du montant de la cotisation minimale.	22 décembre 2003

Mesure	Date d'entrée en vigueur
Différé du paiement des cotisations sociales (Art. 36 de la loi pour l'initiative économique) À compter du 1er janvier 2004, si vous ne bénéficiez pas d'un dispositif d'exonération de charges sociales, vous pourrez être dispensé de verser vos cotisations sociales provisionnelles ou définitives, pendant les 12 premiers mois suivant le début de votre activité. À l'issue de cette période de différé, vous pourrez demander un paiement échelonné des cotisations définitives dues au titre de ces 12 premiers mois, sur une période maximale de 5 ans, à hauteur de 20 % au minimum par an.	1er janvier 2004
Cotisations sociales des personnes soumises au régime fiscal de la micro-entreprise (article 35 de la loi) Si vous êtes soumis au régime fiscal de la micro-entreprise, vous pouvez demander que vos cotisations sociales soient calculées sur la base de votre revenu professionnel effectivement réalisé et non sur la base de vos revenus de l'année n-1. Cela peut vous éviter de payer des cotisations provisionnelles régularisables les années suivantes.	1er janvier 2004
Formation des entrepreneurs (article 2 de la loi en faveur des PME) Vous pouvez, en tant que créateur ou repreneur d'entreprise ou en tant que jeune dirigeant, demander la prise en charge financière d'une action de formation par les fonds d'assurance formation (FAF) des commerçants. En effet, ces organismes seront tenus de réserver une partie des fonds collectés au financement : - d'actions de formation de créateurs ou de repreneurs d'entreprises, - d'actions de formation et d'accompagnement de dirigeants ayant créé ou repris une entreprise depuis moins de 3 ans. Vous pouvez également demander à ces organismes le remboursement de vos frais de stage à la création d'entreprise si vous vous immatriculez au RCS dans un délai de 6 mois à compter de la fin du stage.	4 août 2005

Mesure	Date d'entrée en vigueur
Exonération des droits de mutation sur les donations de sommes d'argent (article 6 de la loi en faveur des PME) Si l'un de vos ascendants vous donne une somme d'argent dans la limite de 30 000 € entre le 1er janvier 2006 et le 31 décembre 2010, vous serez exonéré de droits de mutation. Pour cela, il vous faudra justifier de l'affectation de ces sommes au financement de votre projet de création ou de reprise d'entreprise. Vous devrez également prendre l'engagement d'exercer votre activité professionnelle principale dans l'entreprise créée pendant 5 ans.	1er janvier 2006
Instauration d'une provision pour investissement (article 10 de la loi en faveur des PME) Il est désormais possible pour les entreprises individuelles et EURL imposées à l'impôt sur le revenu d'anticiper l'acquisition de nouvelles immobilisations (à l'exclusion des immeubles et des véhicules de tourisme) en constituant une provision pour investissements sous réserve de remplir plusieurs conditions. La provision annuelle ne peut excéder 5 000 € et la limite globale de 15 000 €. L'investissement doit être réalisé dans les 5 ans suivant la provision. Une mesure similaire est également prévue pour les dépenses de conformité en matière de sécurité alimentaire.	1er janvier 2006
Statut du conjoint participant à l'activité (articles 12 à 17 de la loi en faveur des PME) Plusieurs mesures ont été introduites par la loi notamment : - l'obligation pour le conjoint exerçant une activité professionnelle régulière au sein de l'entreprise d'opter pour l'un de ces statuts : conjoint collaborateur, conjoint salarié ou conjoint associé, - l'extension du statut de conjoint collaborateur au conjoint du gérant majoritaire de SARL à condition que la société créée respecte certains seuils restant à fixer par décret, - l'obligation pour le conjoint collaborateur ou associé de cotiser au régime d'assurance vieillesse de base, de retraite complémentaire et d'invalidité-décès du chef d'entreprise et l'harmonisation des modalités d'adhésion à ces régimes.	Date d'entrée en vigueur variable selon les mesures

Mesure	Date d'entrée en vigueur
Simplification des règles de constitution et de fonctionnement de l'EURL (articles 33 et 34 de la loi en faveur des PME) Vous pourrez prochainement utiliser un modèle type de statuts d'EURL qui sera proposé par décret pour constituer la société dont vous serez l'associé unique. De plus, la formalité annuelle d'approbation des comptes de l'exercice écoulé est désormais réputée accomplie par le dépôt de vos comptes sociaux au RCS.	Dès parution du décret d'application pour la première mesure 4 août 2005 pour la seconde mesure
Modification des règles des assemblées générales extraordinaires dans les SARL (article 25 de la loi en faveur des PME) Pour qu'une décision soit prise en AGE, les associés présents ou représentés devront posséder au moin le quart des parts sociales. À défaut, une seconde AGE sera convoquée. Pour prendre une décision lors de cette seconde assemblée, les associés présents ou représentés devront posséder au moins un cinquième des parts sociales. Vous ne pourrez décider de modifications statutaires lors de cette assemblée qu'à la majorité des deux tiers des parts sociales des associés présents ou représentés contre trois quart auparavant.	4 août 2005

Pour vous tenir au courant des décrets d'application de certaines mesures, vous pouvez consulter les sites suivants : *www.pme.gouv.fr* et *www.apce.com.*

Index

S

T

U

V

Composé par Sandrine Rénier
Achevé d'imprimer : Jouve, Paris
N° d'éditeur : 3381
N° d'imprimeur : 460564Z
Dépôt légal : Juin 2008
Imprimé en France